Dieter Froelich

Dietmar Elger

Dieter Froelich

Herausgegeben durch die

NIEDERSÄCHSISCHE
LOTTOSTIFTUNG

KUNST DER GEGENWART
AUS NIEDERSACHSEN
Band 62

Herausgegeben ab Band 45
durch die Niedersächsische Lottostiftung

Redaktion:
Ulrich Krempel und Ludwig Zerull

ISBN 3-00-018044-3

Reihengestaltung:
Bernd Kruhl, Isernhagen

Lithos und Gesamtherstellung:
ArtnetworX GmbH, Hannover

Abbildung auf dem Einband
Die Dinge der Restauration a.a.O. 2005
Verschiedene Materialien in Regalen
und Transportkisten, Ausstellung in der
Städtischen Galerie Hannover

Abbildung Seite 2
o.T. 1989
Holz, Tafellack, Gusskeramik
je Tisch ca. 75 x 60 x 80 cm
Sprengel Museum Hannover

I. In einem Gespräch hat Dieter Froelich einen bemerkenswerten Hinweis auf sein schon früh ausgeprägtes plastisches Interesse gegeben. Als Kind habe er einmal einen Chemiebaukasten als Geschenk erhalten. Den habe er zwar aufgebaut, in seinem Spielzeuglabor aber kein einziges Experiment ausgeführt. Was ihn bereits damals vor allem fasziniert habe, so Froelich, sei nicht der Umgang mit den Chemikalien gewesen, sondern das Arrangement der aufgereihten Glaskolben, Messzylinder und Porzellangefäße in ihren elementaren plastischen Formen.

o.T. 1983
Öl auf Leinwand
ca. 55 x 80 cm

Dieter Froelich wurde 1959 im niedersächsischen Walsrode geboren. Nach dem Schulabschluss, einer Ausbildung als Dekorateur und der Weiterbildung an einer Fachoberschule, schrieb er sich zum Wintersemester 1982/1983 an der Fachhochschule für Kunst und Design in Hannover-Herrenhausen zum Studium der freien Kunst ein. Seine Lehrer waren der Maler Günther Sellung und der Bildhauer Helmut Rogge. Während Froelich den eher überschaubaren Charakter der Ausbildungsstätte zu schätzen wusste, empfand er ihren gleichzeitigen Regionalismus und die begrenzten intellektuellen Herausforderungen hier schon bald als eine Einschränkung, aus der er sich durch den Wechsel an die Frankfurter Städelschule befreite.

In Hannover studierte Dieter Froelich zunächst Malerei. Unter dem Einfluss seines Lehrers Günther Sellung entstehen hier abstrakte Leinwände, auf denen lang gezogene Pinselstriche sich als bewegte Strukturen über die Bildflächen ziehen. Dadurch entwickelt sich eine bildparallele Dynamik, die einen malerischen Illusionismus verweigert. Lediglich die zwischen den Pinselzügen offen hervortretende Oberfläche zeigt eine faktische räumliche Schichtung. Als künstlerische Ergebnisse haben ihn diese malerischen Versuche allerdings nie wirklich überzeugen können. Wie Froelich bereits mit dem Hinweis auf den Charakter der chemischen Gerätschaften andeuten wollte, haben ihn in der Kunst von Beginn an Formqualitäten und Materialitäten interessiert. Die Malerei hingegen, die Plastizität nur als Illusion erzeugen kann, erschien ihm in ihrem bloßen Verweischarakter auf Realität, so Froelich, immer „zu vergeistigt".

Ein Besuch der Retrospektive von Reimer Jochims, die der Braunschweiger Kunstverein im Frühjahr 1983 veranstaltete, sollte ihm aus diesem Dilemma einen Ausweg weisen. Der 1935 in Kiel geborene Jochims lehrte an der Städelschule in Frankfurt/M. Freie Malerei und Kunsttheorie. In Braunschweig zeigte er u. a. Beispiele seiner in den vergangenen zehn Jahren entstandenen Farbobjekte, durch die sich seine Malerei von der traditionellen Rechtwinkligkeit des Bildträgers befreit hatte. Als farbige Flächenkörper scheinen diese Werke vor den weißen Wänden der Ausstellungsräume zu schweben. Die pastos, in mehreren Schichtungen und mit dem Spachtel auf ausgebrochenen Spanplatten aufgetragene Acrylfarbe verleiht diesen Bildern eine zusätzliche Plastizität. In seiner Werkphilosophie entwickelte Reimer Jochims den zentralen Begriff der „Identität" von Form und Farbe. Die Gestalt der Werke, so seine Vorgabe, entstehe aus der harmonischen Relation von Farbe und Materie.

Dieter Froelich ist fasziniert von diesen Bildobjekten mit ihren unregelmäßigen Umrissen. Für das Defizit und die Unzufriedenheit mit seiner eigenen Malerei findet er hier einen Ausweg. Froelich sucht den persönlichen Kontakt zu Jochims. Er stellt ihm seiner eigenen Arbeiten vor und wechselt zum Sommersemester 1985 an die Frankfurter Städelschule. Die Arbeit in der Klasse von Reimer Jochims besteht jedoch vor allem aus gemeinsamen Bildanalysen und theoretischen Diskussionen. Die Malerei gibt Froelich schon bald fast vollständig auf. Er erinnert sich, Jochims habe einmal konstatiert, er würde versuchen Ikonen zu malen. Rückblickend findet Froelich seinen bildnerischen Ansatz damit gar nicht so falsch beschrieben. Denn tatsächlich habe er in der Malerei immer jene Dinghaftigkeit gesucht, die er erst einige Zeit später und nach dem Wechsel in die Klasse von Michael Croissant in der Plastik tatsächlich gefunden habe.

Der 1928 in Landau geborene Michael Croissant unterrichtete seit 1966 an der Städelschule eine Klasse für Skulptur. Sein im Gegensatz zu Jochims eher theoriefreier und unprätentiöser Zugang zur Kunst beförderte Froelichs Suche nach einer elementaren plastischen Formensprache. Eines der ersten Stücke von Dieter Froelich, die damals in Croissants Klasse entstanden, besteht aus einer länglichen Röhre, an deren beiden Enden zwei zylindrische Formen angestückt sind. Froelich hat diese Plastik aus roter Keramik gebrannt. Die Oberfläche ist nicht perfekt glatt, sondern zeigt deutlich jene Spuren, die sich von der Vorlage übertragen oder die im Werkprozess entstanden sind. Ein anderes Formstück, aus blaugefärbtem Wachs gegossen, erinnert an einen lang gestreckten, an beiden Enden spitz zulaufenden Schiffskörper. Froelich greift zu dieser Zeit bevorzugt auf von elementaren Grundformen abgeleitete Körper zurück, die sich aus Halbrund-, Kugel- und Zylinderformen zusammensetzen. Neben Keramik gehört Wachs zu seinen bevorzugten Materialien. Kleine Bleistift- und Tuscheblätter, die dieses Formenvokabular als Linien- und Schattenzeichnungen variieren, begleiten Froelichs plastisches Werk dieser letzten Studiensemester.

o.T. 1987
Terracotta
Länge 70 cm

Der Versuch, die durchgehend unbetitelt gebliebenen Werkstücke zu beschreiben, zeigt, dass Dieter Froelich immer nach einfachen und elementaren plastischen Formen sucht. Assoziationen an konkrete Gegenstände werden zwar zugelassen, jedoch nie wirklich eingelöst. Selbst dort, wo er seine Werkstücke nach konkreten Vorlagen gießt, bleibt ihre Identität unenthüllt. Ausdrücklich vermeidet Dieter Froelich also jede eindimensionale Beschreib- oder Interpretierbarkeit seiner Arbeiten. Der in gelblichem Wachs abgegossene Reifenschlauch teilt mit den bunten S. 8 Schwimmhilfen aus den Badeanstalten zwar Form und Größe, ist ihnen zugleich aber so fremd, dass kein Rezipient das Gussstück als ihr Abbild identifizieren würde. Dieter Froelichs Plastiken besitzen stattdessen ihre ganz eigene Dinglichkeit und behaupten sich als autonome Formstücke. Das gebrannte ovale Keramikstück mit dem zylindrischen Abschluss verdankt seine Form zwar einem alten Auspuff, den der Künstler eines Tages auf dem Weg in die Akademie auf der Straße gefunden, mitgenommen und abgegossen hat. Aber auch hier hat ihn weniger die Identität seiner

o.T. 1988
Terracotta

Ausstellungs-situation 1987
Städelschule
Frankfurt/M.

Vorlage oder dessen Funktion interessiert, als diese merkwürdige, fast geheimnisvolle Formqualität. Ununterscheidbar für den Betrachter, arbeitete Froelich damals sowohl mit frei geformten wie auch mit vorgefundenen und abgegossenen Formstücken. Zunächst hatte er allerdings noch Skrupel, sich auf diese Weise fremde Objekte und Identitäten künstlerisch anzueignen: „Das mag sich heute absurd anhören, aber als ich das getan hatte, stellte sich mir die Frage, ob ich denn so etwas machen könne. Ob das nicht etwas zu einfach sei – bin ich da überhaupt noch präsent als jemand, der etwas will? Da gab es schon eine Differenz zu meiner bisherigen Auffassung von Plastik."

Eine frühe, 1987 an der Städelschule entstandene Fotografie zeigt Froelichs spezielle Art der Präsentation dieser Werke. Dieter Froelich hat sie zu einem offenen Feld direkt auf dem steinernen Fußboden ausgebreitet. Die einzelnen Stücke sind etwa gleichweit voneinander entfernt platziert, ohne sich dabei einem strengen Raster zu unterwerfen. Ihr Arrangement erscheint eher beiläufig. Lediglich dort, wo Froelich mehrere identische Werkstücke in die Präsentation einbezieht, reiht er diese eng nebeneinander auf.

Dieter Froelich war es schon damals wichtig, genau diesen beiläufigen Charakter in der Präsentation seiner Werke zu erzeugen. Der Betrachter sollte den Kunstwerken wie Dingen begegnen, die ganz beiläufig auf dem Boden abgelegt waren. Der Charakter der musealen Zurschaustellung auf einem Sockel, und damit – im wahren Sinne – abgehoben von der Standfläche, auf welcher sich der Ausstellungsbesucher selbst bewegte, sollte ausdrücklich vermieden werden. Sein

Lehrer Michael Croissant war ihm zunächst auch hierin ein Vorbild. „Zu der Zeit wollte ich, dass die Plastiken einfach so dumm herum liegen. Es sollten keine Museumsstücke sein, die erhaben präsentiert werden. Und es war mir auch recht, dass die Plastiken oftmals nicht als Artefakte gesehen wurden", beschreibt Froelich den unprätentiösen Charakter solcher Installationen mit lakonischen Worten. Auch später hat er die Präsentationsform für seine Werke immer kalkuliert in die künstlerische Arbeit einbezogen und dabei auf den tradierten weißen Sockel zugunsten selbst gebauter Tische und Vitrinen verzichtet.

1988 beginnt Froelich vorgefundene Motive oder frei gebaute Prototypen in einer Vielzahl von Exemplaren abzugießen und diese für Ausstellungszwecke in offenen Holzkästen zu lagern. Diese S. 22 Kästen können als umgekehrte offene Sockel und damit als Konterkarierung der traditionellen Präsentationsform „Sockel" betrachtet werden. Sie sind Fundstücke, die noch die Spuren des industriellen Gebrauchs und alter Beschriftungen tragen. Gleichmäßig nebeneinander aufgereiht erwecken diese, in den Holzkästen lagernden Gussstücke eher den Charakter eines Materiallagers, welche die Formelemente für eine spätere künstlerische Präsentation lediglich bereitstellt. Jede artistische Überhöhung, jede Stilisierung, jede ästhetische Gestik wird hier von Dieter Froelich ausdrücklich gemieden. Die Präsentation verzichtet auf den inszenatorischen Effekt und konzentriert sich auf ein wesenhaftes Minimalkonzept. Wie sich deutlicher noch bei den späteren Arbeiten zeigen wird, werden Objekt und Präsentationsform eins. Der Sockel wird als Bestandteil des Werkes von Dieter Froelich immer mitgedacht.

o.T. 1987
5 Plastiken, Wachsguss, Länge der blauen Plastik 70 cm

II. Nach dem Abschluss des Studiums an der Städelschule als Meisterschüler von Michael Croissant kehrte Dieter Froelich im Frühjahr 1988 nach Hannover zurück. Hier hatte er im Oktober 1990 seine erste professionelle Einzelausstellung in der Galerie Sandmann + Haak, die von einem kleinen Katalogheft begleitet wurde. Eine der Abbildungen zeigt eine unbetitelte Arbeit aus demselben Jahr, die aus zwei Pferden in einer Holzbox besteht. Froelich hat damit endgültig die Arbeit an den abstrakten Werkstücken aufgegeben und sich der Abformung eindeutig gegenständlicher Motive zugewandt. Das Thema der Ambivalenz, wie es von ihm in den früheren Stücken formuliert wurde, wird damit durch jenes der Differenz zwischen dem Modell und seinem Abbild ersetzt. Die beiden abgegossenen Pferde sind eher kleinformatig, jedes ca. 36 cm hoch. Beide sind so positioniert, dass sie hintereinander aufgereiht in dieselbe Richtung blicken. Froelich hat sie im Wachsgussverfahren hergestellt und dabei auf die Pferdeschweife verzichtet. Diese Freiheit in der Darstellung und das schwarzblau eingefärbte Wachs sind die ersten und noch rein äußerlichen Hinweise auf eine solche Differenz zwischen dem künstlerischen Werk und seinem realen Vorbild.

o.T. 1990
Wachshohlguss,
Spanplatte
64 x 87 x 19 cm

Volker Laier, Dudenbostel

Froelichs Objekte können immer als Zeichen gelesen werden. Der Verweischarakter auf ihre Originale wird von ihm über unterschiedliche Abstraktionsgrade codiert. Das Abgussverfahren transformiert die Alltäglichkeit der Objekte und gibt ihnen ihre eigene Dinglichkeit und Wesenheit. Die Holzkiste, aus der lediglich Rücken und Kopf der Pferde herausreichen, erinnert nur noch entfernt an zwei Pferdeboxen. Die Holzbox für die beiden Wachsgüsse steht direkt auf dem Boden und dient zugleich als Sockel wie als Rahmung, zumal sie den Plastiken präzise angepasst wurde. Anders als bei den früheren, ausgedienten Werkstattschubladen, hat Froelich die Kiste selbst gebaut und die beiden Pferde darin halb versenkt. Als Material hat er industrielle Spanplatten verwendet, die er ganz bewusst roh und unbehandelt gelassen hat. An der Längsseite sind sogar noch die Produktionsnummer und Teile des Herstellernamens zu erkennen. Für Dieter Froelich erfüllt sie damit zwei Funktionen: Die Spanplattenbox distanziert sich von dem klassischen Sockel, der sich bereits durch seinen weißen Anstrich versucht unsichtbar zu machen. Und sie wird Teil des Kunstwerks, ohne ihren eigenen Werkcharakter zu verleugnen.

Ende 1990 hat Dieter Froelich die wesentlichen Fragestellungen seines künstlerischen Werkes ausformuliert. Dazu gehört ein differenziertes Vokabular, welches durch unterschiedliche Abstraktionsgrade seine Differenz zur Wirklichkeit postuliert. Neben der bereits angesprochenen plastischen Arbeit mit den beiden, im Wachshohlgussverfahren hergestellten Pferde-Motiven, hat Froelich in der Ausstellung bei Sandmann+Haak auch ein Relief mit zwei flachen, ausgesägten Pferdeformen, sowie eine Schautafel mit vier Pferden in Form einfacher Schattenrisse gezeigt. Die S. 10
drei Werke repräsentieren zugleich Froelichs damals bevorzugtes Farbspektrum. Das Blau der Wachsarbeit, der grüne Tafellack in der Sägearbeit und das Oxydrot für den Druck auf Leinengewebe. Im folgenden Jahr näherte er sich dem Pferde-Motiv auch durch die sprachliche Manifestation des Begriffes als weiße Schrift auf blauer Kunststoffplane an. Das bereits zuvor

eingesetzte Abgussverfahren hat sich inzwischen zu einer zentralen Technik im Werk von Dieter Froelich entwickelt.

Dieter Froelich hat nicht nur einzelne Motive in verschiedenen Systemen der Repräsentation erprobt und auf diese Weise ihre jeweiligen Eigenheiten, Individualitäten und Begrenzungen ausgelotet, sondern immer versucht seine Arbeit auf wenige Themenfelder zu konzentrieren. Dabei erfolgt seine Wahl eines Motivs keineswegs zufällig, sondern weist eine innere Verbindlichkeit aus. Die Spielzeugpferde und Miniaturschiffe führen zurück in kindliche Lebenswelten. Zu solchen Arbeiten gehören auch die Steckobjekte mit ihren ausgeschnittenen Konturen, die S. 13
elementare spielerische Erfahrungen wachrufen. Diesen Motiven und Themen nahe verwandt ist Froelichs ebenso bevorzugter Rückgriff auf die traditionellen Medien schulischer Wissensvermittlung. Schon der Einsatz des grünen Schultafellacks setzt beim Betrachter eine entsprechende Assoziationskette frei, die Dieter Froelich durch den Rückgriff auf billige Reproduktionstechniken wie die für die Schule früher typischen, blaugefärbten hektographierten Blätter noch ergänzt. In diesen Referenzrahmen fügen sich auch die auf Stoffgewebe gedruckten Schautafeln ein.

o.T. 1989
Holz, grüner Tafellack
63 x 35 cm

Renate Hilterhaus-Haak

Ein weiteres Themenfeld, das Froelich seit seiner Frankfurter Studienzeit intensiv und in ganz unterschiedlicher Weise beschäftigt hat, ist der Kulturbereich Essen. In seinen Textstücken hat er einige zentrale Begriffe aus dieser Lebenswelt formuliert; er hat Lebensmittel in Objektkästen zusammengetragen, die Gegenstände der Nahrungsaufnahme – Tassen, Teller, Kannen – in Wachs und Keramik abgegossen, auf fünfzehn Schautafeln seine täglichen Gerichte und Mahlzeiten aufgelistet und schließlich alle Dinge in seiner eigenen Küche im Stile einer industriellen Sachfotografie dokumentiert und dabei ebenso präzise wie emotionslos beschrieben: „Suppenterrine, Porzellan, glasiert (weiß, grün); ø 25 cm; 1 Stück“ oder ein anderes, ebenso alltägliches Stück: „Löffel; Edelstahl; Länge 18 cm; 6 Stück“. In der skulpturalen Präsentation dieser Küchen- S. 30 f.
inventur hat Froelich 2001 insgesamt 432 s/w-Fotografien in einem aufklappbaren Holzkasten archiviert. Im folgenden Jahr veröffentlichte er eine Auswahl von 120 dieser Motive als „artist pages“ im Bremer Kunstmagazin artist. Seit der Gründung der „Restauration a.a.O.“ 2003 ergänzt Dieter Froelich eine solche, eher traditionell plastische Aneignung des Themenfeldes Essen durch ein performatives Kochprojekt, mit dem er an angegebenen Orten („a.a.O.“) für Gäste Kochen als Kunst inszeniert.

Dieter Froelichs Motive und Themen haben sich immer (wenn auch nie ausschließlich) innerhalb dieses Referenzrahmens von spielerischer Aneignung, schulischem Lernen sowie der Nahrungszubereitung und -aufnahme bewegt. Wollte man seine Themen grundsätzlicher formulieren, so ließe sich in allen drei Fällen von elementaren Beispielen menschlicher Sinn-Erfahrungen und Aneignungsprozesse von Welt sprechen. Seine Kunst scheint hier tatsächlich Metaphern für ihre eigene Rezeption gefunden zu haben. Auch deshalb hat Froelich in der Wahl seiner Motive nie eine Zufälligkeit gesehen, sondern sie im Nachhinein als von schon fast zwanghafter Folgerichtigkeit erfahren. Trotzdem bleiben die Entscheidungsprozesse subjektiv, ausschließlich seinen individuellen Kriterien und den eigenen künstlerischen Ansprüchen verpflichtet. Für Dieter Froelich wäre es unmöglich, solche Kriterien des eigenen Handelns, die sich zwischen werkimmanenter Richtigkeit und Beliebigkeit bewegen können, nachvollziehbar zu formulieren. Der Rezipient kann solche Entscheidungsprozesse deshalb auch nicht logisch nachvollziehen, sondern muss ihnen intuitiv folgen. Nur selten ist ihm so die Erkenntnis fördernde Gelegenheit gegeben, den Künstler einmal bei einer bildnerischen Fehlentscheidung zu ertappen. Die Wortaddition in einer Arbeit von 1991, „Tisch", „Pferd", „Schmerz" und „Löffel" als Siebdruckbuchstaben auf großformatige blaue Kunststoffplanen gedruckt, besitzt für den Betrachter eine solche Präsenz, Evidenz und Klangharmonie, dass Dieter Froelich schon ein fiktives Gegenbeispiel bemühen muss, um die labile Sinnfälligkeit einer solchen Wortkombination zu zeigen und gleichzeitig zu demontieren: „Wenn ich jetzt ‚Stuhl, Buch, Flasche, Lachen' sage, hat das nicht die gleiche Prägnanz. Für mich gibt es da Dinge, die wirklich und die unwirklich sind."

III. Dieter Froelich hat die Form der Präsentation seiner Arbeiten schon bei ihrer Konzeption und Herstellung immer mitgedacht. Der Sockel ist hier Bestandteil des Werkes. 1990 entstand eine Edition mit zwei identischen gotischen Madonnen mit Christuskind in einer Auflage von lediglich drei Exemplaren. Froelich hat diese kleinformatigen, nur 35 cm hohen Figuren aus weißem Gips gegossen und für sie individuelle Sockel, Lager- und Transportboxen aus unbehandelten Spanplatten gebaut. Die beiden Madonnen hat er auf würfelförmige, auf dem Boden stehende Sockel platziert, auf denen sie in den Ausstellungen präsentiert werden. Das Werk wird von einer niedrigen Box ergänzt, in die die Plastiken mitsamt ihrer Sockel gestellt werden können. Dann lassen sie sich unter einer, ebenfalls aus Spanplatten gefertigten Haube verschließen und mithilfe des an der Oberseite angebrachten Griffes forttragen. In dieser Arbeit spiegeln sich zwei für Dieter Froelichs Werk markante Eigenschaften wider. Neben dem der Plastik zugeordneten eigenen Sockel ist das Objekt so konstruiert, dass es praktisch und bequem bewegt und von einem (Ausstellungs-) Ort zum anderen transportiert werden kann. Froelich hat eine solche Mobilität immer wieder und auf unterschiedliche Weise in seine Werke integriert. Der Künstler wird ihr bereits dadurch gerecht, dass er die Ausführung von „unhandlichen" Großplastiken immer gemieden hat. Einzige wirkliche Ausnahme ist der „Kühne"-Container, eine mit einer LKW-Plane überspannte Spanplattenbox von gewaltigen sechseinhalb Metern Länge, die er 1991 zur Ausstellung der Stipendiaten des Alexander Dorner Kreises im hannoverschen Kubus installierte. „Meine Plastik S. 27
hat in der Regel Dimensionen", so Froelichs Kommentar, „die ich allein bewältigen kann. Sowohl im Produktionsprozess wie auch in den Maßen – sieht man ab vom „Kühne LKW-Anhänger", den ich im Originalmaß rekonstruiert habe. Mit kleineren Plastiken lässt es sich einfach besser leben. Monumentalplastik hat etwas Inhumanes. Vielleicht ist meine Skepsis aber auch damit verbunden, dass Großplastiken meist relativ endgültig daher kommen. In der Regel sind sie ja im Außenraum zu finden und stehen dann da herum und niemand räumt sie je wieder weg. Gute Architektur und Freiraumplanung bedürfen keiner Dekoration." Als Dieter Froelich

o.T. 1990
Gipsguss, Spanplatte
48 x 30 x 12 cm
Auflage 3 Expl.

1999 den Wettbewerb für die künstlerische Intervention im Quartierpark Mitte der neuen Kronsbergsiedlung gewann, widerstand er deshalb auch der Versuchung, auf den Raum mit einer kraftvollen plastischen Geste zu reagieren. Stattdessen arrangierte er auf dem großflächigen Rasenstück mit umlaufendem Baumbestand insgesamt 112 Steinquader, in die er einzelne Wörter aus Cortenstahl eingelassen hatte. Auf den ersten Blick bleibt diese aufwendigste Außenskulptur des Künstlers sogar unsichtbar. Der Betrachter muss sich ihre Teile langsam erwandern und wird das Werk so erst nach und nach visuell erfahren und intellektuell begreifen können. S. 70

o.T. 1990
Holz, Tafellack, Rollen
24 x 48 x 33 cm

Wenn Dieter Froelich die beiden Madonnen-Güsse mit ihren Sockeln aus ihrer Transportverpackung befreit und in Ausstellungen zeigt, bleiben der schützende Kasten und die Haube immer im Hintergrund stehen. Sie sind Bestandteil des Werkes und deshalb auch Teil der Präsentation. Auch im ruhenden Zustand soll dem Betrachter die Mobilität der Arbeit, die Unverbindlichkeit jeder vorgeschlagenen Positionierung unmittelbar vor Augen geführt werden. Jede Präsentation ist deshalb auch lediglich eine mögliche, die andere Optionen immer offen lässt.

Deutlicher noch zeigt sich ein solcher Anspruch am Beispiel der auf Räder gesetzten Objekte. Anfang der neunziger Jahre entstanden zahlreiche Werke, die auf bewegliche Rollen in den Ausstellungen stehen und die vom Künstler bei der Einrichtung der Präsentation hin- und herbewegt werden können, um auf diese Weise ihren idealen Standort zu erproben. „Manche Arbeiten scheinen mir", bemerkte Dieter Froelich dazu einmal, „als wären sie kurz davor, sich in Bewegung zu setzen. So entsteht ein Zustand von Spannung mit der Frage im Hintergrund ‚wie würden sie wenn?'" Trotzdem sind in diesem Zusammenhang, soweit es die Objekte Froelichs betrifft, zwei Aspekte unbedingt zu beachten. Keineswegs stehen die Exponate den Ausstellungsbesuchern zur eigenen Manipulation zur Verfügung. Der Betrachter ist nicht zur aktiven Partizipation bei der Mitgestaltung der Objekte oder Einrichtung der Ausstellung eingeladen; er soll aber ihre Installation als möglichen Vorschlag der Präsentation, als eine Form der Interpretation begreifen, die er im Dialog fortentwickeln kann. Der amerikanische Künstler Lawrence Weiner beschrieb in seinen Sätzen zur konzeptuellen Kunst einen solchen offenen Werkbegriff: „Es ist nicht festgelegt wie das Werk aussehen sollte, vielmehr wie es aussehen könnte." Diese von der amerikanischen Conceptual Art in den späten sechziger Jahren formulierte Haltung findet in den Arbeiten von Dieter Froelich eine zeitgenössische Fortsetzung und ihre ebenso spielerische wie poetische Verwandlung.

IV. Die 1991 entstandene Holztafel, 140 x 160 cm groß, präsentiert sich auf den ersten Blick wie ein Bild an der Wand. Dieter Froelich hat sie in grünem Schultafellack gestrichen und neun Motive aus der Fläche ausgeschnitten. Mithilfe eines Handgriffes können sie der Tafel entnommen und nebeneinander auf den Fußboden gestellt und an die Wand gelehnt aufgereiht werden. Dadurch werden sie zu eigenständigen plastischen Formen, die zu den leeren Negativformen in der Bildfläche in einem Kontrastverhältnis stehen. Im geschlossenen Zustand hingegen zeichnen sich die Motive auf der Tafelfläche lediglich als zarte Umrisslinien ab. Beide Formen der Präsentation sind möglich. In der Ausstellung trifft der Künstler die Entscheidung über die Art der Präsentation. Der spätere Besitzer tritt in seine Rolle ein und hat die Möglichkeit, selber seine Wahl zu treffen. Denn obwohl dieser Werktypus auf die einfachen und elementaren Steckspiele zurückgeht, wie sie für Kleinkinder angeboten werden, ist ein ähnlich spielerischer und partizipatorischer Umgang mit den Objekten von Dieter Froelich nicht vorgesehen.

Während seiner Studienzeit hatte Froelich noch Bedenken und sich gefragt, ob man alltägliche Objekte überhaupt abgießen dürfe. Von solchen Zweifeln hat ihn damals erst die Begegnung mit den Objekten aus der „Gummi-Serie" von Fischli und Weiss 1988 im Frankfurter Portikus befreit. Was Froelich sich mit Zögern und vielen Skrupeln erarbeitet hatte, führte das Schweizer Künstlerpaar hier mit leichter und ironischer Geste gleich dutzendfach vor. „Diese Bedenken haben sich dann nicht zuletzt durch die damalige Portikus – Ausstellung von Fischli und Weiss erledigt. Da waren viele Alltagsdinge in Kautschuk abgegossen. Das war schon sehr deprimierend für mich. Anscheinend ging das also sehr einfach. Was ich damals noch nicht gesehen habe, war, dass Fischli und Weiss ja nicht wirklich an den Dingen interessiert waren. Bei aller Wertschätzung ihrer Arbeit bin ich der Meinung, dass sie eher feuilletonistisch vorgehen", erinnert Froelich sich seiner damaligen Situation rückblickend von heute aus.

Mit der im folgenden Jahr 1989 begonnenen Werkgruppe der Ausschneide-Arbeiten hatte Froelich zu einer eigenständigen, von jeglichen kunsthistorischen Vorbildern unbelasteten Formensprache gefunden. Gegenüber der ersten Arbeit, die aus lediglich zwei identischen Pferde-Motiven besteht, und die Froelich aufgrund ihrer Präsenz und Lakonik noch immer für eine seiner besten Formulierungen zu diesem Thema hält, ist das eingangs dieses Kapitels beschriebene, zwei Jahre später entstandene Beispiel sehr viel komplexer. Unter den neun Motiven taucht das Pferd allerdings erneut und hier gleich zweimal auf, den Blick einander zugewandt. Weitere, auch in anderen Werkgruppen verarbeitete Motive sind die Tasse, der Tisch, das Haus und die Kirche. Bei den anderen angeschnittenen Formen handelt es sich um ein Podest, eine Treppe und ein Kreuz. Die zuvor bereits als vollplastische Objekte in Gips geformten Motive wie das Pferd oder die

o.T. 1991
Holz, Tafellack
140 x 160 x 3,5 cm

Christa und Joachim
Kreibohm, Bremen

Tasse werden hier auf schattenhafte Zeichen reduziert. Während Froelich seinen Objekten in den Gusskeramiken bereits eine materielle und ästhetische Eigenwertigkeit verleiht, sie ein Stück weit von ihren realen Vorbildern abrückt, geht er jetzt noch einen Schritt weiter in Richtung einer bildlichen Abstraktion, die in Wortstücken schließlich zu einer Übersetzung in ihre semantische Bedeutung führt. Sein Thema ist in allen Beispielen jedoch dasselbe. Es geht ihm nicht um Differenzen, um Strategien der Abstraktion, bildnerische Aggregatzustände oder die Loslösung der Begrifflichkeiten von ihren Vorbildern in der Wirklichkeit. Stattdessen spricht Dieter Froelich von den Wesenheiten seiner Objekte, von ihrer eigenwertigen Qualität, von der Konzentration auf ausgewählte Zeichen, die im Spannungsverhältnis zwischen Realität und künstlerischer Formulierung ihr Eigenleben behaupten und ihre Individualität finden. Das zeigt die unbetitelte Installation von 1989, bestehend aus drei Holztischen mit Essgeschirr aus Gusskeramik, eine von Froelichs zentralen Arbeiten, besonders eindrucksvoll. S. 2

V. Das Werk besteht aus drei, mit grünem Tafellack gestrichenen Holztischen, jeder mit einer Fläche von 60 x 80 cm. Auf den Tischen stehen in lockerer Gruppierung aus matter weißer Keramik gegossene Objekte in Originalgröße, wie sie sich üblicherweise auf einem Frühstückstisch finden lassen: Kannen, Tassen, Teller, Milchkrüge, Zuckerdosen und Zitronenpressen. Die Objekte verteilen sich aber keineswegs logisch und wie vertraut auf die drei Stellflächen. Auf einem der Tische finden sich zwei Kaffeekannen. Der mittlere Tisch hingegen hat gar keine, dafür aber zwei Zitronenpressen. Die Nachbildung einer realen Situation war also keineswegs Froelichs Intention. Dagegen spricht auch das eher beiläufige Arrangement der Objekte mit ihrer Wiederholung dreier ähnlicher Situationen. Stattdessen geht es Froelich erneut um die Präsentation von Möglichkeiten und Alternativen. Wie zuvor bei den Aussägearbeiten beschrieben, gibt Froelich seine Werke für verschiedene Optionen frei. Die Objekte können sich so oder so präsentieren. Die drei Tische, eine frühe programmatische Arbeit, führt diese verschiedenen Möglichkeitsformen des Werkes als parallele Statements vor. Froelich interessiert sich auch hier für die Wesenheiten der Dinge, d. h. für die Essenz der Formen und Begriffe. Sie sind reduziert auf ihre grundlegenden Eigenschaften und unterscheiden sich dadurch von ihren alltäglichen Vorbildern. Weil sie andererseits nicht gegenstandsfrei sind, bleibt eine erzählerische Struktur in ihrem Bezug zu dem Referenzsystem, von dem sie sich ableiten, immer erhalten. Dieter Froelich eignet sich gestaltend seine Umgebung an, nicht wiederholend und nicht beliebig, sondern präzise und optional, indem er wenige elementare Zeichen formuliert, die ihm diese komplexe Welt nicht erklären, sie für ihn aber handhabbar werden lassen. Da jedes eindeutige Statement jedoch eine zu selbstsichere Formulierung wäre, bieten Froelichs Werke dem Rezipienten mehrere mögliche Optionen an.

Einen weitergehenden Zugang zu dieser vielfältigen, komplexen und erklärungssuchenden Welt hat sich Dieter Froelich mit seinen Sammelalben erschlossen, die er 1993 als ein ergänzendes künstlerisches Medium in sein Werk eingeführt hat. In diesen Alben kombiniert er auf spielerische Weise optionale Bilder, mit den Möglichkeiten der Partizipation und dem Spiel mit den enttäuschten Erwartungen der Rezipienten. Als Ergebnis eines Aufenthaltes in der Künstlerstätte Worpswede im Rahmen des dortigen Stipendiatenprogrammes, entstand 1993 das Sammelalbum „Tatlins Rasierschale (Ein Irrtum)“. In dieser Einschränkung („Ein Irrtum“) bestätigt sich bereits die auch in anderen Beispielen von Dieter Froelich formulierte Diskrepanz zwischen Wirklichkeit und Darstellung. Der Titel nimmt Bezug auf eine Arbeit Froelichs, mit der er versucht hatte, Tatlins Rasierschale nach einer Fotografie als plastisches Objekt nachzuformen. Während die technische Umsetzung gelang, erfuhr Froelich gleichzeitig, dass seine Vorlage gar kein Entwurf Wladimir Tatlins war, sondern von dem russischen Bildhauer und Schüler Tatlins, Wassili Borkin

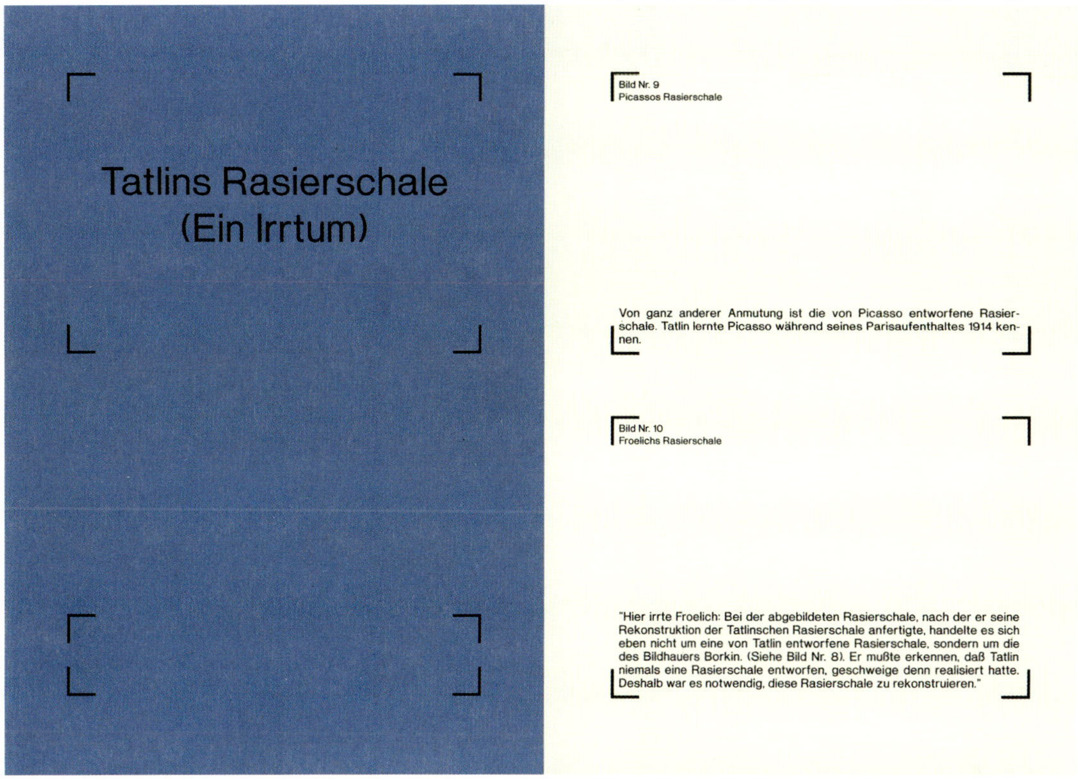

Sammelalbum „Tatlins Rasierschale (Ein Irrtum)“ 1993

stammte. Froelich hat seine Rasierschale in mehreren Werken und einer Edition verarbeitet und seinen eigenen „Irrtum“ in dem Sammelalbum zum Thema erhoben. Dieses Album besteht aus 27 markierten Feldern für die Abbildungen sowie begleitenden Texten. Dem Heft beigelegt findet sich ein gefalteter Bogen mit neunzehn aufgedruckten Fotografien. Der Rezipient kann die Fotos an den vorgezeichneten Linien ausschneiden und in das Sammelalbum einkleben, um spätestens dann festzustellen, dass nicht für jedes vorgesehene Feld ein Sammelbild vorhanden ist. Im ersten Moment muss ihm dies wie ein Fehler des Künstlers erscheinen. Hat Froelich möglicherweise einige der Fotos vergessen und hat er sich also ein weiteres Mal geirrt? Die Sammelalben von Dieter Froelich leben, wie seine anderen Arbeiten, von dieser Diskrepanz zwischen dem, was sich für den Betrachter als schlüssig einlöst und dem, was ihm vom Künstler lediglich als Möglichkeit angeboten wird.

In den Holztafeln mit den ausgeschnittenen Konturen sieht er immer nur eine Fassung, während die andere Möglichkeit (die Objekte in die Holzplatte einzusetzen oder sie aus ihr zu entnehmen) für ihn ein Gedankenspiel bleibt. Bei den zahlreichen auf Rädern montierten Objekten bleibt die unerfüllte Verlockung, die Werke zu berühren und an einen anderen Ort zu schieben. Auch die Bestimmung des Albums „Tatlins Rasierschale (Ein Irrtum)“ bleibt unerfüllt. Der Sammler kann die fehlenden Motive weder nachkaufen noch bei anderen Sammlern eintauschen. Sein Konzept für diese Arbeit hat Froelich im Gespräch so erläutert: „Es entstand begleitend zur Rekonstruktion der vermeintlichen Tatlin-Rasierschale und unterscheidet sich von den folgenden Alben. Einerseits dokumentiert das Album die Rekonstruktion der Rasierschale durch Abbildungen, andererseits sind auch Freiräume und Bildunterschriften für Fotos enthalten, die es nicht real gibt. Es sind Bilder, die hätten entstehen können, die aber nicht zur Wirklichkeit geworden sind. „Dystopische Bilder“ hat das mal jemand genannt. Auch Picassos Rasierschale ist so ein dystopisches Bild.“ Als „Bild Nr. 9“ findet sich in dem Album ein Platzhalter für, so der Titel, „Picassos Rasierschale“, die von Froelich hier folgendermaßen beschrieben wird: „Von ganz anderer Anmutung ist die von Picasso entworfene Rasierschale. Tatlin lernte Picasso während seines Parisaufenthaltes

o.T. 1996
Stoff, Karton, Stempeldruck, je 35 x 19 cm
21-teilig

1914 kennen." Die Erwartung, hier ein entsprechendes Bild von Picassos Entwurf zu sehen und das Motiv in das Sammelalbum einkleben zu können wird jedoch erneut enttäuscht. Eine solche Rasierschale hat nie existiert und ein entsprechendes Sammelbild kann es folglich gar nicht geben.

Wie schon bei anderen Werkgruppen, greift Dieter Froelich auch hier, mit den archetypischen Erfahrungen kindlicher Sammelleidenschaft, auf jugendliche Erfahrungswelten zurück. Sammelalben versuchen die Vielfalt und die Geheimnisse unserer Welt auf spielerische Weise zu beschreiben, zu ordnen und zu erklären. Das Sammelalbum dient dazu, bei Kindern einige der vermeintlichen Fähigkeiten und Tugenden des Erwachsenenlebens einzuüben. Es spornt den Ehrgeiz und die Ausdauer seiner Besitzer an, in ihren Heften auch noch das letzte freie Feld mit der dafür vorgesehenen Bildvorlage zu füllen. Auch können die Sammelkarten nicht nur erworben werden, sondern stellen selbst einen ökonomischen Tauschwert dar, der durch Angebot und Nachfrage bestimmt wird. Denn seltene Motive lassen sich gegen mindestens drei andere Bilder eintauschen. Für Dieter Froelich sind seine Sammelalben aber auch Beispiele einer Kunst im öffentlichen Raum.

Im selben Jahr, in dem Froelich seine Installation für den Quartierpark Mitte in Hannover-Kronsberg realisierte, beteiligte er sich zur Weltausstellung Expo 2000 in Hannover mit einem Sammelalbum am Rahmenprogramm der Madsack-Verlagsgruppe. Dieses „Sammelalbum Hannover" konnten die Leser der Hannoverschen Allgemeinen Zeitung gegen eine Schutzgebühr erwerben. Die dazugehörigen Bilderbogen zum Ausschneiden fanden sie über 23 Wochen verteilt, jeweils einmal pro Woche als ganze Seite in der Zeitung. Für den Künstler ist dieses Projekt genauso ein Beispiel von Kunst im öffentlichen Raum wie es seine Plastik für den Quartierpark Mitte ist. Hat er sich dort mit seinem Beitrag dem traditionellen Skulpturbegriff verweigert, so erweitert sein Sammelalbum den öffentlichen städtebaulichen Raum hin zu einem öffentlichen medialen Ort. In beiden Räumen findet Öffentlichkeit auf unterschiedliche Weise statt und Kunst kann in ihnen interagieren.

VI. Am 1. Januar 1996 trat Dieter Froelich einen einjährigen Gastaufenthalt in der Villa Massimo in Rom an. Das Stipendium bedeutet für seine Arbeit einen wesentlichen Einschnitt. Froelich, der, wie er betont, nur in einer vertrauten Umgebung arbeiten könne, benötigt die ersten Monate zur Eingewöhnung. Nur langsam erobert er sich die Stadt. Das Sammelalbum, das als Ergebnis seiner Streifzüge entsteht, nennt er „Roma. (non c'è)", Rom gibt es nicht. Wie schon das Wandobjekt „Amerika gibt es nicht" von 1992, behandelt die Arbeit das Phänomen, dass komplexe

Sachverhalte nicht eindeutig darstellbar sind und sich einer eindimensionalen Verständlichkeit entziehen. Es gibt nicht ein Rom oder das Amerika. Beide existieren nur in einer Vielzahl ergänzender Vorstellungen. Rom oder Amerika sind letztlich für jeden, der sich ihnen anzunähern versucht, etwas anderes. „Ich bin sicher, dass ich diese Welt nicht verstehen werde, um es pathetisch zu sagen", gesteht Dieter Froelich im Interview ein. In Rom hat er damals mehrere Werke begonnen zu realisieren, denen ein enzyklopädischer Ansatz zugrunde liegt, auch wenn dieser von ihm nie eingelöst werden kann. U. a. entstand dort das Werk „Vestiti blu / blaue Kleidung", ein 21-teiliges Objekt aus Stoffproben in unterschiedlichen Blautönen. Für eine andere Arbeit fotografierte Froelich vierzig blaue Kleidungsstücke, und er baute Wandvitrinen, die er mit nach Farben sortierten Kleidungsstücken vom Flohmarkt voll stopfte. Der theoretisch intendierte enzyklopädische Ansatz konnte jedoch nur scheitern, da die Mannigfaltigkeit dieser Welt, wie sie von Dieter Froelich auch erkannt wurde, tatsächlich nie zu fassen ist.

Trotzdem hat er immer wieder versucht, sich zumindest seine nähere Umgebung anzueignen, erfahrbar und verfügbar zu machen. Mit diesem Anspruch entstanden 2001 auch das bereits beschriebene Werk „Inventur (Küche)" und 2004/2005 die drei großen Schaukarten „Topografie der Gemengsel und Gehäcksel", „Von den Suppen" und „Die verschiedenen Kochverfahren". S. 50 f.
Explizit thematisiert Froelich die eigenwertigen Bildqualitäten solcher Strukturen, wenn er ein leeres Organigramm präsentiert, das zwar zahlreiche Bezüge und Ableitungen bezeichnet ohne aber über konkrete Inhalte zu sprechen. „Diese Schaukarte zeigt zwar eine Struktur – diese verweist aber in erster Linie auf sich selbst. Im Gegensatz zu der Suppenkarte, die ja wirklich konkrete Sachverhalte und Beziehungen darstellt, treten hier die Bildqualitäten in den Vordergrund." Mit solchen Äußerungen verweist Dieter Froelich einmal mehr auf die unüberbrückbare Diskrepanz zwischen Struktur und Inhalt.

VII.

Bereits 1991 hatte Dieter Froelich im Rahmen des vom Sprengel Museum Hannover organisierten Interventionsprojektes „AußenraumInnenstadt" die Gelegenheit erhalten, seine Arbeit in den öffentlichen Raum einzuschleusen. Dafür bediente er sich der in der Stadt vorhandenen Werbemedien. Als Ausstellungsbeitrag hat Froelich zwei großformatige Plakate entworfen, die er in der Innenstadt an mehreren Litfaßsäulen im Schachbrettmuster ganzflächig ankleben ließ. Eines der Plakate zeigt die fotografische Aufnahme eines alten Gasherdes; auf dem anderen ist lediglich das Wort „Heilig" in schwarzen Buchstaben aufgedruckt. Text und Bild stehen in keiner semantischen Beziehung zueinander, sondern einander scheinbar fremd gegenüber. Und tatsächlich geht es Froelich nicht um eine didaktische Untersuchung über die unter-

o.T. 1991
Ausstellungsbeitrag für „AussenraumInnenstadt", Sprengel Museum Hannover, 2 Plakate an mehreren Litfaßsäulen in Hannover

o.T. 1990
Rollogewebe, Holz, Schablonendruck
230 x 166 cm

Ursula Sandmann, Hannover

schiedlichen Bedeutungen, die bei dem Vergleich von bildlicher Darstellung und sprachlicher Bestimmung eines Gegenstandes auftreten können. Der belgische Surrealist René Magritte hatte deren komplexes Beziehungsgeflecht bereits in der 1920er Jahren ausführlich am Beispiel seiner Gemälde und in begleitenden kunsttheoretischen Essays abgehandelt. Wenn Dieter Froelich jetzt auf zumindest formal ähnliche Bild-Text-Kombinationen zurückgreift, dann konterkariert er damit gerade solche eher didaktischen Ansätze. Statt dessen versucht Froelich hier auszuloten, inwieweit die Begriffe tatsächlich für sich stehen können und sich dabei den Versuchen des Betrachters entziehen, der immer versucht sein wird, eine Beziehung zwischen dem Abbild „Herd" und dem Wort „Heilig" herzustellen und eine beiden gemeinsame Geschichte konstruieren zu wollen.

Die Wörter haben bei Dieter Froelich eine eigenwertige Präsenz und behaupten sich zugleich als eine optische wie akustische Setzung. Nicht zufälig erzeugt die Kombination des Stabreims „Herd - Heilig" auch einen für den Leser angenehmen Klang. Gleichzeitig bedient sich Froelich hier einer geschickten Strategie, um den Begriff „Heilig" aus seiner angestammten semantischen Bedeutung herauszulösen. Durch die Nachbarschaft des Wortes zu dem fotografischen Bild eines banalen Küchenherdes verortet er den Begriff „Heilig" scheinbar in einem neuen Referenzsystem, ohne dass der Betrachter dies logisch mit vollziehen könnte. Dadurch gelingt Froelich folgender geschickter Schachzug: Er löst das Wort aus seinem angestammten Bedeutungszusammenhang, ohne dass es in einem neuen Bezugssystem ankommen würde. Auf diese Weise wird der Begriff „Heilig" für den Betrachter frei, um von ihm mit neuen Bedeutungen, Assoziationen und individuellen Inhalten belegt zu werden. Wie schon bei seinen anderen Werkgruppen öffnet Froelich dem Rezipienten auch hier wieder mehrere Optionen, die Arbeit für sich zu ergänzen. Die Gefahr, die es zu vermeiden gilt, hatte Dieter Froelich bereits 1987 erkannt und damals noch im Hinblick auf seine studentischen Gussplastiken zu beschrieben: „Wenn einige Leute dann meinen, etwas auf den Begriff gebracht zu haben, besteht die Gefahr, dass sie sich nicht mehr vom Begriff lösen können – dann ist die Art der Betrachtung festgeschrieben."

VIII. 2003 hat Dieter Froelich das Konzept „Restauration a.a.O." entwickelt. Der Titel beschreibt ein Restaurantprojekt ohne feste Räumlichkeiten. „A.a.O.", also „am angegebenen Ort", zitiert die in wissenschaftlichen Anmerkungen verwendete Abkürzung für wiederholte Quellenangaben. Bei Dieter Froelich verweist die Verwendung dieser Kurzformel darauf, dass seine Restauration in wechselnden Räumen und nur zu bestimmten Anlässen stattfindet. Die Beschäftigung mit den Themen Nahrungszubereitung und Essen zog sich bereits durch Froelichs gesamtes plastisches

Werk. „Er hielt seine Küche stets in Ordnung, machte sich aber immer wieder schuldig", lautet der auf Rollgewebe aufgedruckte Text einer Arbeit von 1990. Weitere Beispiele sind die drei Tische, noch ein Jahr früher entstanden und die 1992 notierten tagebuchartigen Protokolle der Nahrungsaufnahme während einer Reise nach Barcelona. 1996 füllte Froelich Puffreis in die Verpackungen italienischer Lebensmittel. Mit diesen wiederum bestückte er Einkaufstaschen, in die er zuvor Fensterfolie eingesetzt hatte, um uns einen Einblick zu erlauben.

Dieter Froelich hatte bereits während seines Studiums an der Frankfurter Städelschule Kochseminare bei Peter Kubelka besucht. 1995, anlässlich einer Einzelausstellung in der Heidelberger Galerie Terbrüggen, ergänzte er die Präsentation seiner plastischen Werke erstmals mit einer eigenen Kochveranstaltung. Froelich servierte den Galeriebesuchern eine selbst hergestellte Trockensuppe. Im Rahmen einer Vertretungsprofessur an der Fachhochschule für Design und Medien in Hannover hat er in den Jahren 1999 bis 2002 selbst Seminare über „Kochen als Kunst" abgehalten. Zur Premiere der „Restauration a.a.O." bot Dieter Froelich im Oktober 2003 ein 6-Gänge-Mahl mit folgender Menuefolge an:

Biersuppe, Marinierter Kürbis, Teigtaschen mit Rinderschwanzfülle, Kartoffelbrei, Rinderzunge mit Zwetschgensoße, grüne Walnuss in Sirup und Apfelmus mit karamellisierten Walnüssen.

Jedes Nahrungsmittel wird einzeln serviert und kann deshalb vom Gast individuell erfahren werden. Für sein innovatives Konzept der „Restauration a.a.O." erhielt Froelich 2004 den Kunstpreis der Stiftung Kulturregion Hannover.

Tatsächlich unterscheidet sich Dieter Froelichs Konzept von dem seiner künstlerischen Vorgänger und Zeitgenossen. Während in den 1970er Jahren der Schweizer Daniel Spoerri in seinem Düsseldorfer Eat-Art-Restaurant den Gästen bevorzugt ungewöhnliche Lebensmittel und Zubereitungen auftischte und den 1961 geborene Rirkrit Tiravanija vor allem der kommunikative Cha-

Eingelegte Speckschwarten 2003

rakter des gemeinsamen Mahls interessiert, geht es Froelich um die elementaren Erfahrungen bei der Essenszubereitung und des Nahrungsgenusses. „Bei aller Freude am Diskurs“, betonte er deshalb 2003 in einem programmatischen Vorwort zu dem Projekt, „wird der Schwerpunkt der verschiedenen Veranstaltungen aber immer bei der schmeckenden und nicht bei der redenden Zunge liegen.“ Beim Kochen bevorzugt Froelich universelle Prinzipien wie das Gemengsel und Gehäcksel, zwei Verfahren der Nahrungszubereitung, bei denen er durchaus Ähnlichkeiten zu seinen plastischen Werkprozessen feststellen kann.

IX. Dieter Froelich hat in den vergangenen zwei Jahrzehnten ein reiches und ungewöhnlich eigenständiges plastisches Werk formuliert, dass sich von den traditionellen künstlerischen Medien weitgehend befreit und eine individuelle Bildsprache entwickelt hat. Dabei behandeln seine Arbeiten die immer gleichen Themen- und Motivfelder, denen sie sich in unterschiedlicher Weise annähern. Grundlage seiner Werke sind die alltäglichen Dinge, elementare Formen und Begrifflichkeiten, denen er aber immer eine neue Anmutung gibt. Kunst solle, so Froelich, keine Botschaften ausdrücken, sondern müsse jenseits der sprachlichen Übersetzung bleiben. Nur was man nicht beschreiben könne, rechtfertige es, plastisch formuliert zu werden. Dieser Anspruch führt allerdings auch zu dem Dilemma, dass man nur begrenzt über das Werk sprechen könne und es sich einer allumfassenden Interpretation entziehe. Je ausdrücklicher die Arbeiten von Dieter Froelich sich den gesellschaftlichen, politischen oder kulturellen Rahmenbedingungen entziehen, desto autonomer werden sie. Der Künstler schafft autarke plastische Objekte, die sich in der Welt der alltäglichen Dinge behaupten müssen. Wenn Froelich das christliche Gleichnis vom Ausschluss der Menschen aus dem Paradies für seine Kunst bemüht und von Schuld und Verlust spricht, so dienen ihm seine Werke dazu, die dadurch entstandene Lücke ein Stück weit wieder zu schließen. In diesem Moment gewinnen seine Arbeiten ihren, so Froelich, „tröstlichen Charakter“.

o.T. 1989
Wachshohlguss, Holz
ca. 20 x 70 x 32 cm

o.T. 1989
Gusskeramik, Schubladen
33 x 180 x 115 cm

o.T. 1990
Wachshohlguss, Holz, Höhe 18 cm

Renate Hilterhaus-Haak, Hannover

o.T. 1990
3 Außenplastiken, Holz, Farbe
Höhe ca. 100 cm

o.T. 1992
aus der Werkgruppe „Tatlins Rasierschale (Ein Irrtum)"
Porzellanguss, Holz, Tafellack, Höhe 94 cm

o.T. 1991
Leuchtkästen, Siebdruck, je 80 x 80 x 17 cm

Harald Welzer, Hannover

o.T. 1991
Spanplatte, LKW-Plane
240 x 650 x 250 cm

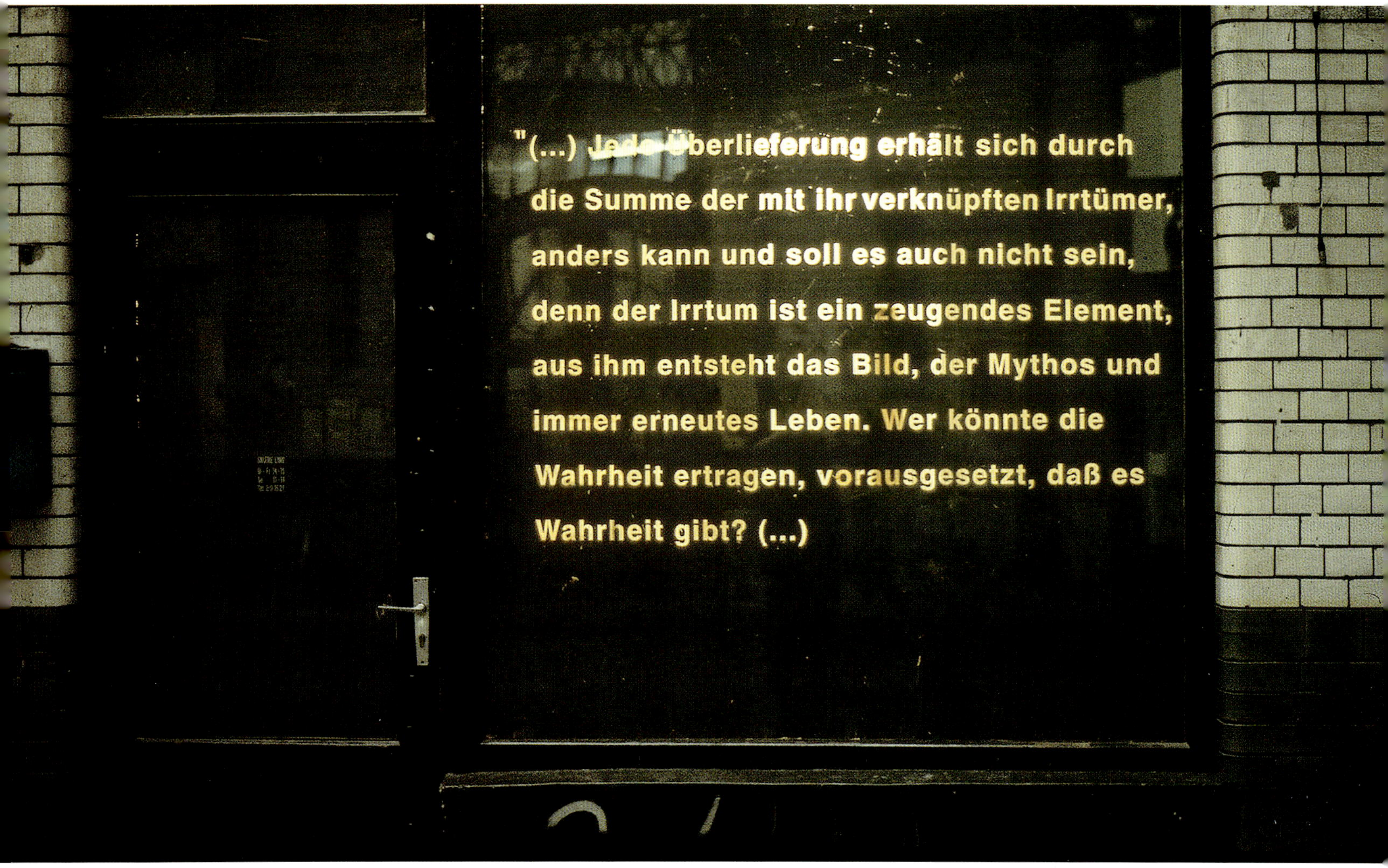

o.T. 1994
Textarbeit am Schaufenster der Galerie
Peter Lang, Leipzig

o.T. 1997
Holz, Farbe, Stempeldruck
42 x 74 x 9 cm (geschlossen)

Sabine Bladauski, Hannover

Inventur: Küche 2001
432 S/W-Fotografien auf Pappe
kaschiert, je 12 x 16 cm, im Holzkasten
99 x 95 x 65 cm (geschlossen)
Auflage 3 Expl.

Sprengel Museum Hannover

Inventur: Küche 2001
432 S/W-Fotografien,
je 19 x 25 cm

Kunststoff (schwarz); Ø 28 cm; 3 Stück.
Tafelmesser; Edelstahl; Länge 24 cm; 3 Stück.
Tasse; Steinzeug, glasiert (weiß, grünes Dekor); Ø 9 cm; 1 Stück.
Länge 19 cm; 1 Stück.
Tasse/ Untertasse; Porzellan, glasiert (weiß); Ø 5 cm/ 9 cm; 1 Stück.
Rotweinkaraffe; Glas; Höhe 25 cm; 1 Stück.
Kunststoff, Glas (schwarz); Höhe 25 cm; 1 Stück.
Sparschäler; Edelstahl; Länge 11 cm; 1 Stück.
Topf; Edelstahl, Kunststoff (schwarz); Ø 17 cm; 1 Stück.
Höhe 8 cm; 1 Stück.
Topf; Stahl, emailliert (innen blau, außen schwarz); Ø 20 cm; 1 Stück.
Tortelettform; Weißblech; Ø 5 cm; 1 Stück.
Tafelmesser; Edelstahl; Länge 25 cm; 12 Stück.
Kanne; Steinzeug, glasiert (hellblau); Höhe 15 cm; 2 Stück.

»Mutter, Mutter, wie weit
darf ich reisen?«

»(Darf ich ?)«

Seite 32/33

o.T. 1994
Fotos, Stempeldruck, Gewebe, Holz
4-teilig, je 108 x 81 cm

o.T. 1999
Porzellanhohlguss, Holz
84-teilig, Tischhöhe 85 cm

o.T. 2000
Holz, Farbe, Stempeldruck, 15 x 30 x 2,5 cm
Auflage 7 Expl.

o.T. 2001
Wachshohlguss, Spanplatte
34 x 39 x 21 cm

o.T. 1993
Glas, Farbe, 3-teilig, je 60 x 40 cm

Vereins- und Westbank, Hamburg

vestiti blu 1996
40 KB-Dias, Auflage 34 Expl.

o.T. 1995
Aus der Werkgruppe „Die Alpen“
Papier, Stempeldruck, Holz, Glas, 48 x 53 x 11 cm

Galerie für Zeitgenössische Kunst, Leipzig

o.T. 1997
Holz, Lackfarbe, 167 x 135 x 5 cm, 113-teilig

Robert Sandmann, Hamburg

Penaten 1999
Wachshohlguss, Spanplatte
24 x 33 x 27 cm

Gerald Just, Hannover

o.T. 1994
Wachshohlguss, Holz, Tafellack
Höhe 89 cm

Von der Sowjetunion lernen heißt siegen lernen

„Von der Sowjetunion lernen heißt siegen lernen. (Kubus M 33)“

Unter diesem Arbeitstitel entstanden Anfang 2005 eine Reihe von einfachen Möbeln für eine ca. 130 m² große Dachwohnung. Ein in den größten Raum gebauter roter Kubus mit einer Kantenlänge von ca. 3 m fungiert als Musikzimmer.

Technische Beratung
Holztechnik (Möbel): Andreas Noll

Hanae Komachi und Henning Queren, Hannover

Die Dinge der Restauration a.a.O. 2005
Verschiedene Materialien in Regalen und Transportkisten
Ausstellung in der Städtischen Galerie Hannover

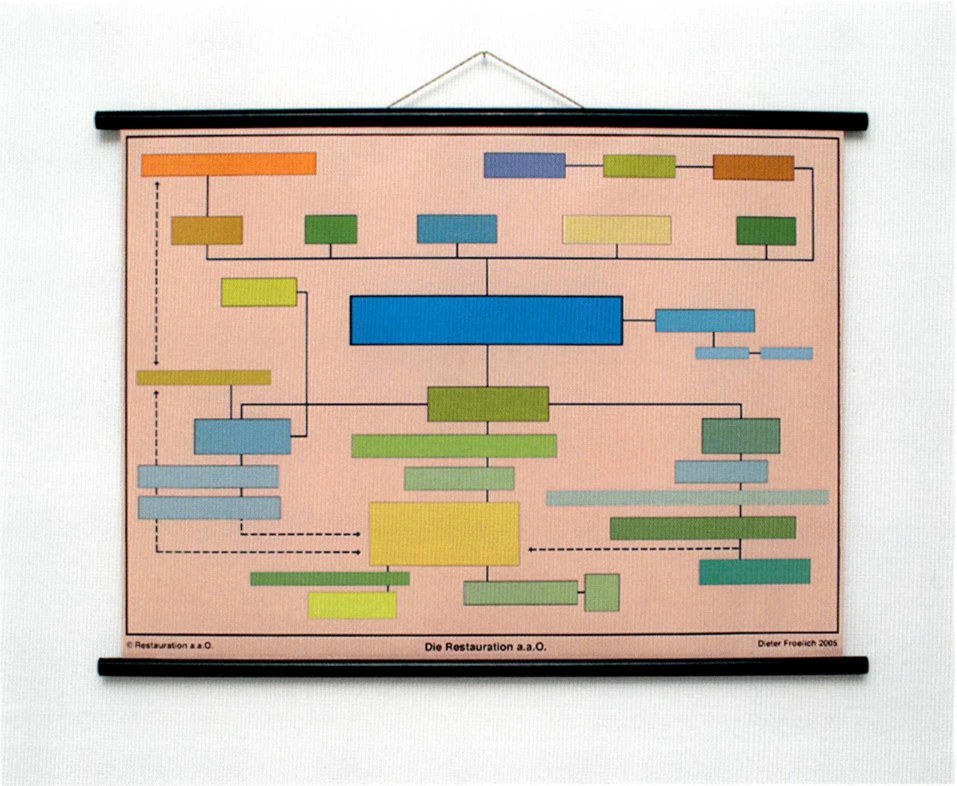

Die Restauration a.a.O. 2005
Offsetdruck, Leinen, Holz, 64 x 90 cm
Auflage 34 Expl.

Seite 48/49

Restauration a.a.O.

Suppe
Klare Suppen
Gebundene Suppen
Wassersuppen
Milchsuppen
Biersuppen
Weinsuppen
(Fleisch-)Brühsuppen

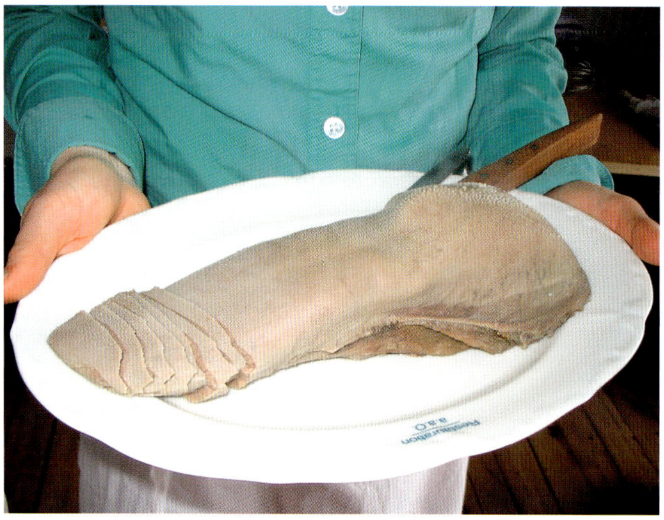

Restauration
RESTAURATION

Restauration
a.a.O.

CAFÉ

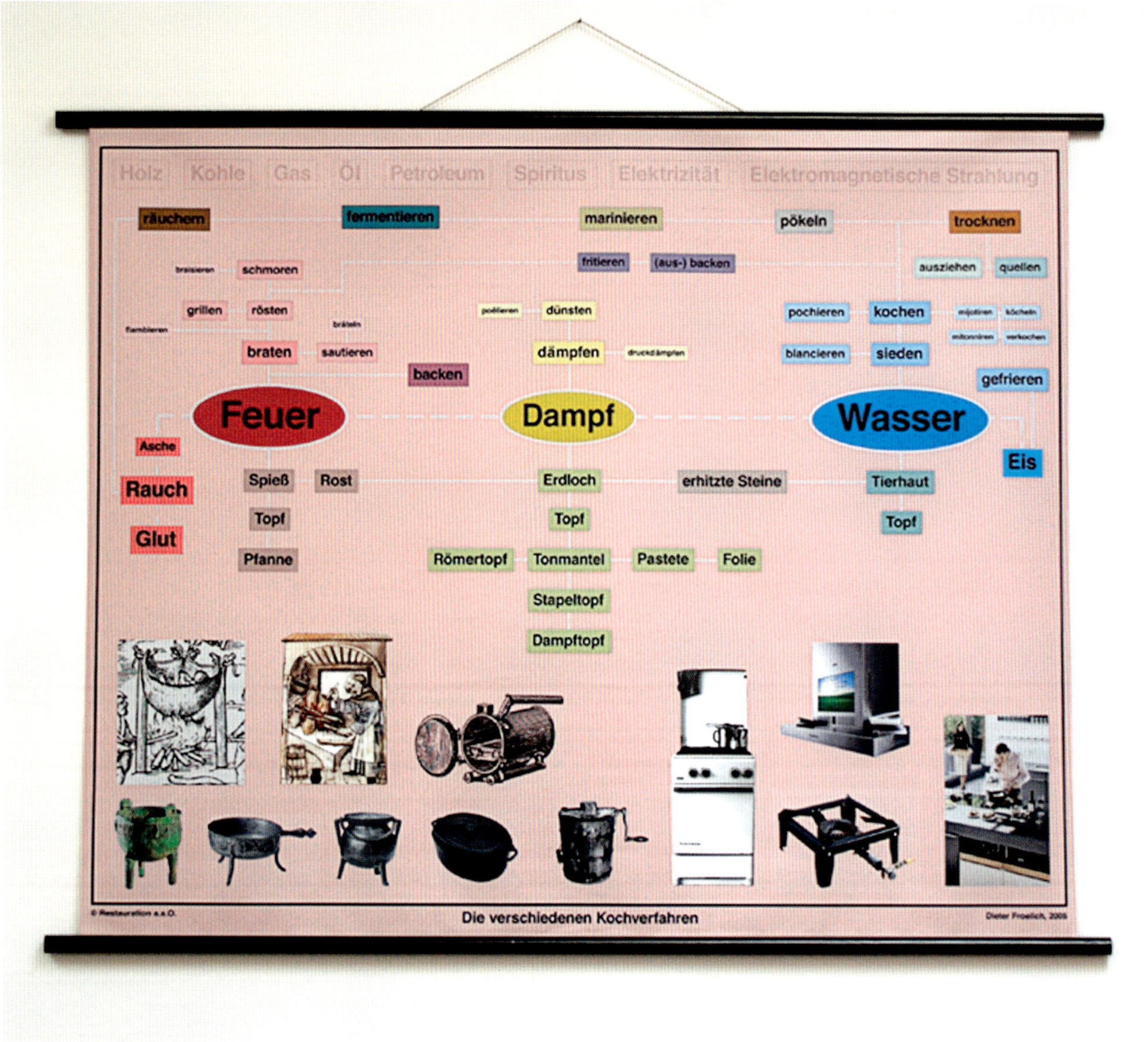

Die verschiedenen Kochverfahren 2005
Digitaldruck, Leinen, Holz, 126 x 160 cm
Auflage 3 Expl.

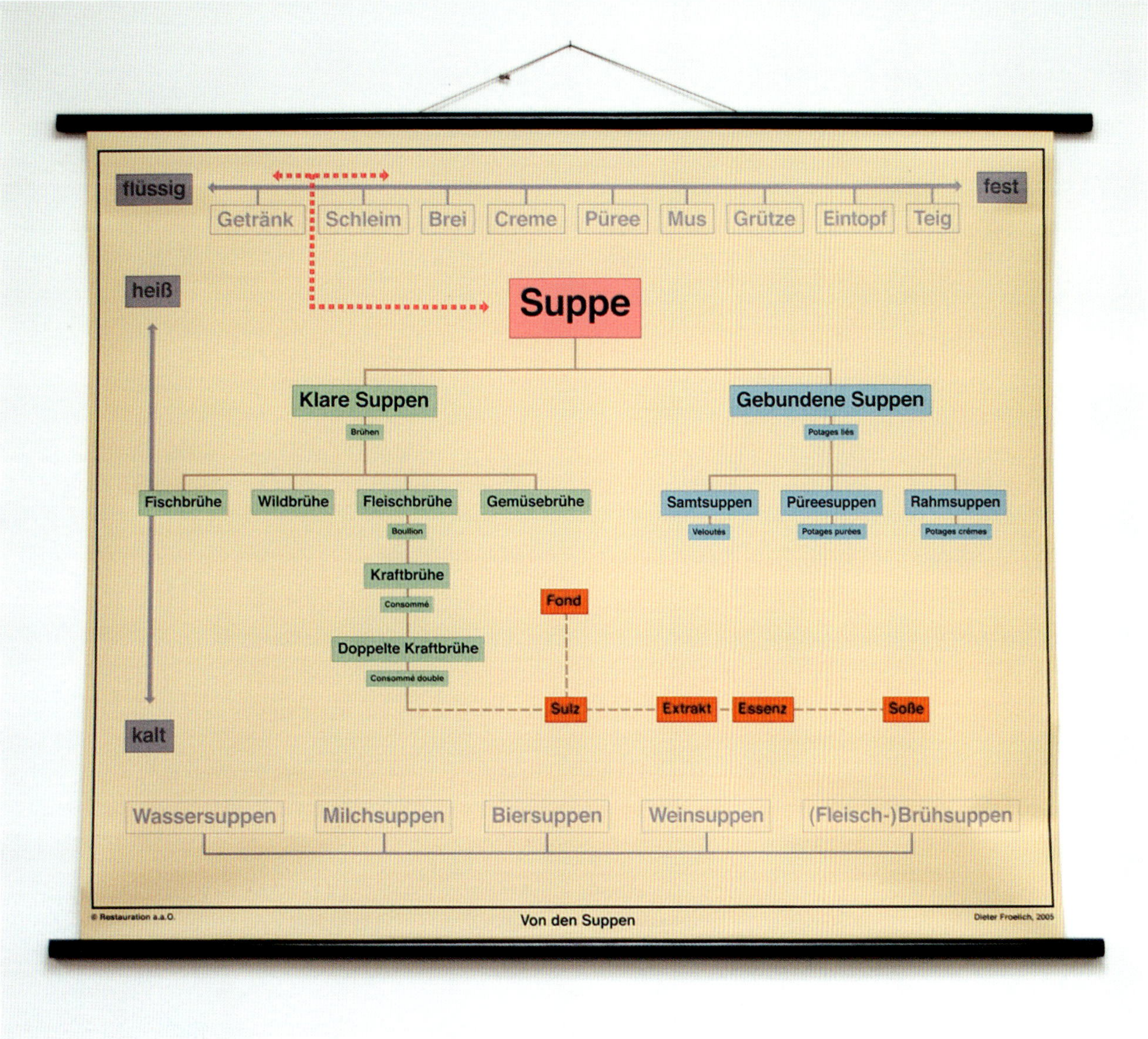

Von den Suppen 2005
Digitaldruck, Leinen, Holz, 126 x 160 cm
Auflage 3 Expl.

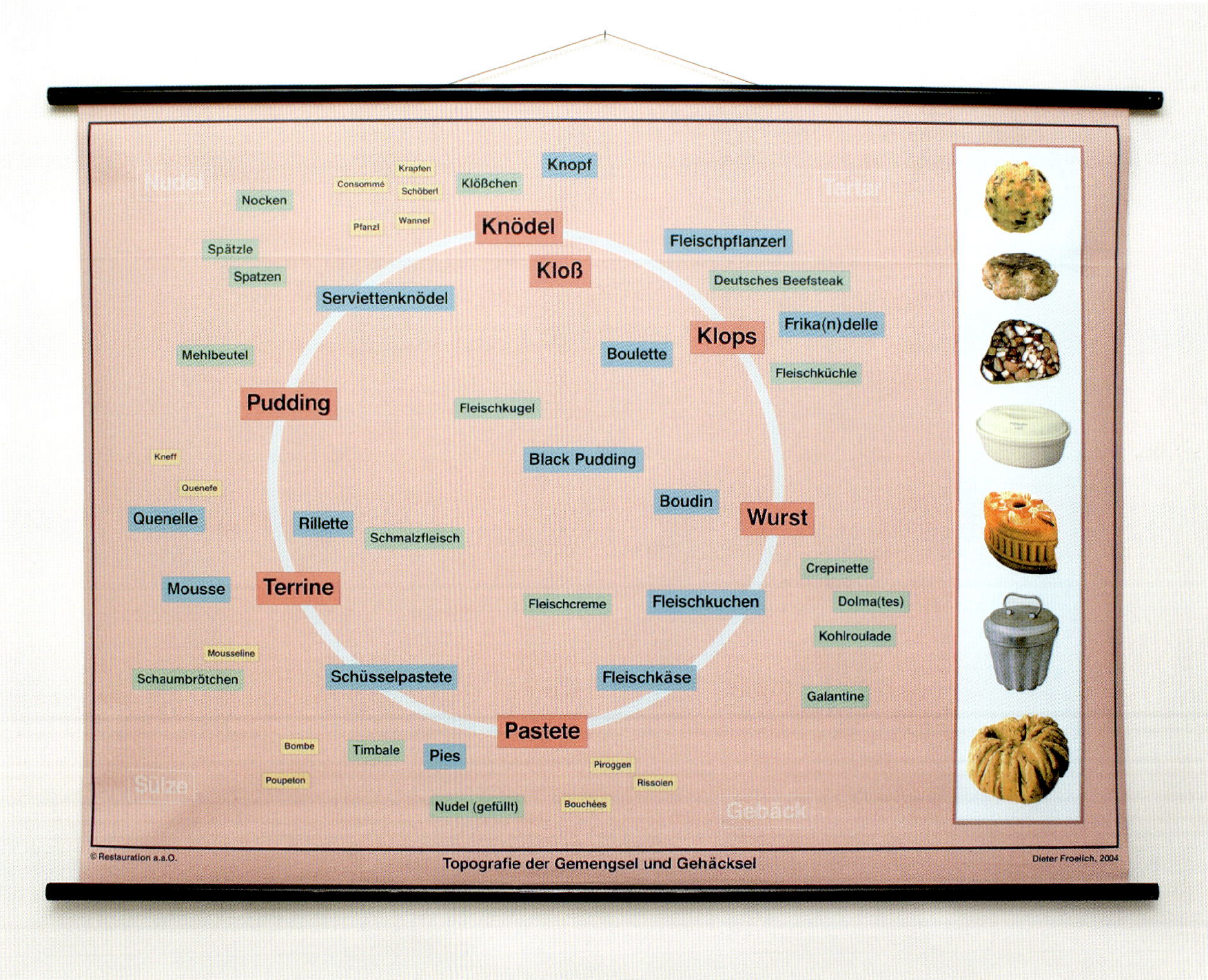

Topografie der Gemengsel und Gehäcksel 2004
Digitaldruck, Leinen, Holz, 126 x 177 cm
Auflage 3 Expl.

15 von **30 Karten zur Topografie der Gemengsel und Gehäcksel** 2005
Offsetdruck, je 8 x 10 cm
Auflage 800 Expl.

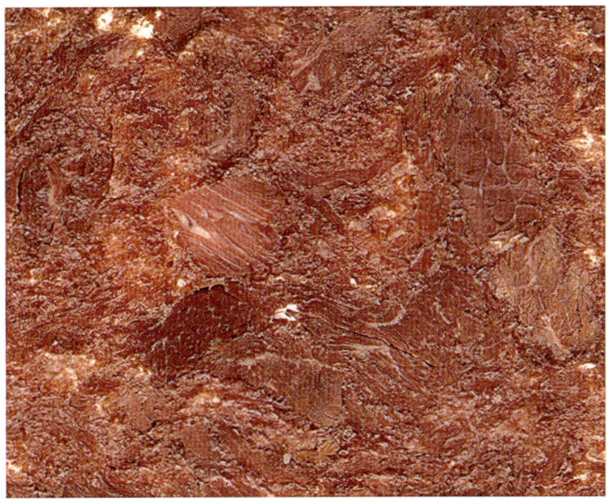
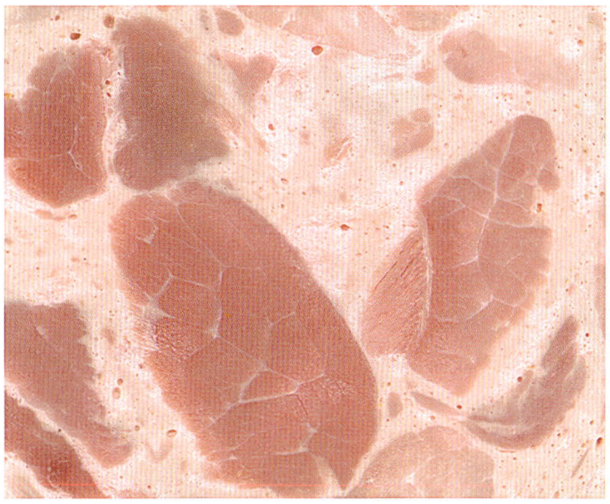
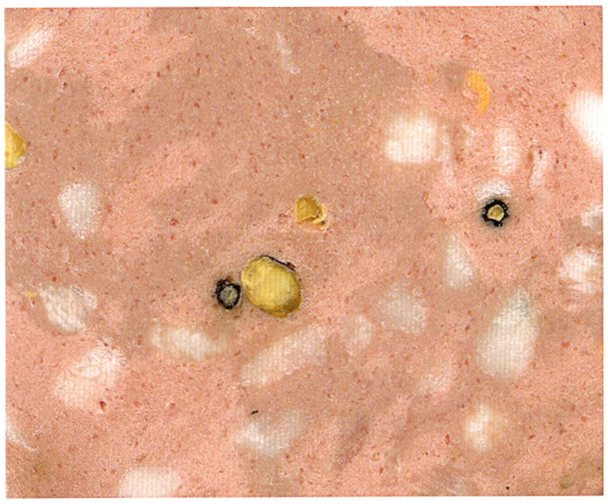

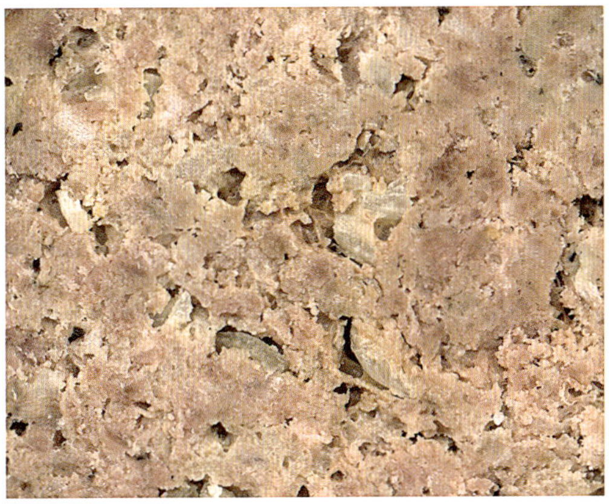
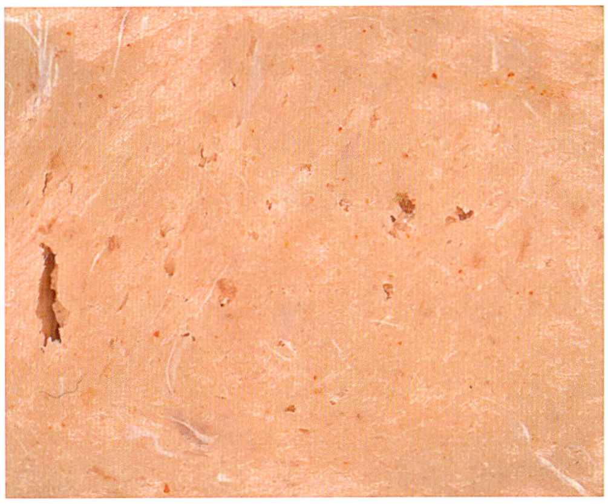
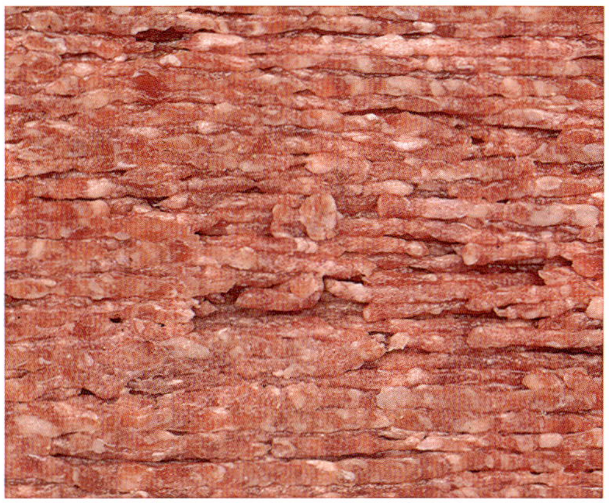
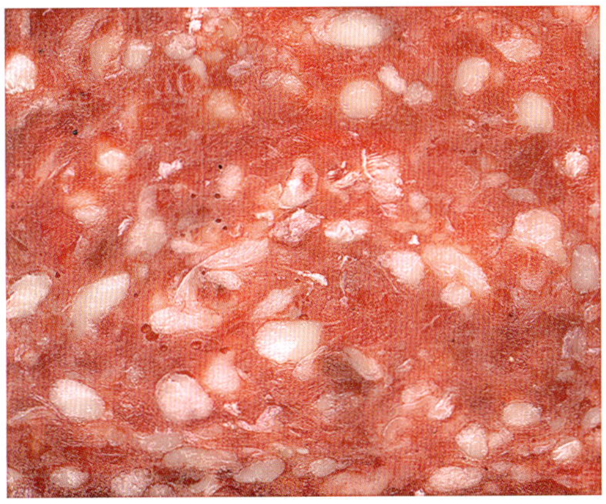

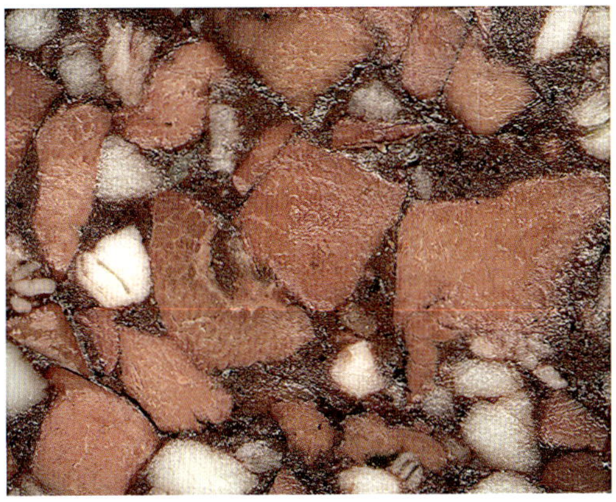

o.T. 2005
Porzellan, Klebstoff, Spanplatte
21 x 11 x 12 cm

o.T. 2005
Porzellan, Klebstoff, Spanplatte
18 x 20 x 13 cm

o.T. 2005
Porzellan, Klebstoff, Spanplatte
Durchmesser 20 cm

o.T. 2005
Porzellan, Klebstoff, Spanplatte
118 x 24 x 24 cm

o.T. 2004
Wachshohlguss, Spanplatte, 26 x 18 x 13 cm
Auflage 12 Expl.

o.T. 2004
Wachshohlguss, Spanplatte, 29 x 14,5 x 14,5 cm
Auflage 12 Expl.

o.T. 2001
Wachshohlguss, Spanplatte, 21 x 15 x 13 cm
Auflage 10 Expl.

„Eigentlich soll man sich ja kein Bild machen."

Dietmar Elger im Gespräch mit Dieter Froelich

Oktober 2005

o.T. 2005
Farbe, Glas, 30 x 45 cm

Elger: Du hast dich schon sehr früh für die ästhetische Qualität plastischer Formen interessiert, vielleicht kannst du zu Beginn etwas über deinen biografischen Hintergrund erzählen?

Froelich: Erinnerung ist ja immer die Konstruktion von Bildern – und Bild ist hier im weitesten Sinne gemeint als Vorstellung von Wirklichkeit. Natürlich gibt es biografische Gegebenheiten. Für mich ist aber damit die Frage verbunden, inwieweit diese für das Erfassen eines Werkes relevant sind. Erschließt sich eine Plastik besser, wenn ich weiß, wer sie gemacht hat? 1993 habe ich in meiner Werkgruppe „Tatlins Rasierschale (Ein Irrtum)“ ein Zitat des Schriftstellers Jacob Wassermann aus seiner Kolumbus-Biografie verwendet: „Jede Überlieferung erhält sich durch die Summe der mit ihr verknüpften Irrtümer, anders kann und soll es auch nicht sein, denn der Irrtum ist ein zeugendes Element, aus ihm entsteht das Bild, der Mythos und immer erneutes Leben. Wer könnte schon die Wahrheit ertragen, vorausgesetzt, dass es Wahrheit gibt?“

Elger: Spielten da bereits die kreativen Möglichkeiten dieses Berufes eine entscheidende Rolle bei der Berufswahl?

Froelich: Es war die Vorstellung, die ich von den Schaufenstergestaltern hatte. Die Geschichte spielt 1975, die 68er hatten ihre Spuren in meiner Generation hinterlassen. Woodstock kannten wir nur von der Langspielplatte, aber das „Kleine Rote Schülerbuch“ hatte ich selbst in der örtlichen Buchhandlung gefunden. Das Bild des Dekorateurs versprach Freiheit und Anderssein.

Davor wollte ich Chemiker werden. Mein Bruder schenkte mir einmal einen Kosmos-Chemiebaukasten. Experimente habe ich zwar kaum gemacht, aber ich habe mir im Keller ein kleines Labor eingerichtet. Ein Tisch, Regale voller Kolben und Reagenzgläser und ich habe sogar Literatur zum Thema gekauft – ohne jemals ernsthaft zu experimentieren. Dabei hatte ich manchmal ein schlechtes Gewissen – ich meinte etwas mit den Dingen tun zu müssen.

Elger: Trotzdem noch einmal die Frage nach den elementaren biografischen Informationen.

Froelich: Auch so ein Buch ist ein Bildentwurf und Biografie ist Konstruktion. Also: so wahr, wie ich es wahrnehme: 1959 bin ich geboren, in Walsrode, einer Kleinstadt in der Heide. Ich stamme, wie man so sagt, aus sehr einfachen Verhältnissen. Das Wirtschaftswunder kam in unserer Familie, einer allein erziehenden Mutter mit drei Kindern von drei verschiedenen Vätern, sehr spät an. „Fürsorge“ nannte man damals das, was heute Sozialhilfe heißt. Ich war auf der Volksschule und als es an der Zeit war, meinte Muttern, ich solle doch Tankwart werden – gegenüber bei ARAL war gerade eine Stelle frei – dann könne ich mittags immer zum Essen nach Hause kommen. Ich wollte aber lieber Dekorateur lernen.

Elger: Wann kam dann die erste Begegnung mit der Kunst?

Froelich: Es gab rückblickend zwei Begegnungen mit Kunst. Die erste muss so um 1968 gewesen sein in der „HÖRZU“. Da gab es hinten das Rätsel „Original und Fälschung“, man sollte bei zwei fast identischen Reproduktionen von Bildern die Fehler suchen. Und einen Collagen-Wettbewerb haben die auch einmal gemacht. Ich habe wohl Axel Springer einiges zu verdanken [lacht]. Aber es gab damals bei mir keine Vorstellung von Kunst. Sie kam in unserem Leben einfach nicht vor. Bis auf eine Ausnahme habe ich auch keine Erinnerung an so etwas wie Kunstunterricht in der Volksschule. Die zweite Begegnung war ein Taschenbuch über die Pop Art. Ich meine mich ganz genau erinnern zu können, wie es im Schaufenster der Buchhandlung lag. Es hatte einen gelben Hintergrund und darauf war eine Packung Lucky Strike abgebildet, auf der ein PinUp-Girl saß. Das muss um 1975 gewesen sein.

Elger: Ich hatte das Buch damals auch. Hat es für dich eine Art von Initialzündung ausgelöst?

Froelich: Ich fand es schön, ungewöhnlich vom Titelbild her. Ob ich den Text gelesen habe, weiß ich nicht mehr. Die Abbildungen haben mich jedenfalls in eine für mich fremde Welt geführt. Ich habe dann auch angefangen zu malen, habe ein ausgedientes Bettlaken mit Ponal auf ein Brett geklebt und dann mit Ölfarben, die ich vom damaligen Schwiegervater meines Bruders geschenkt bekam, ein Waschpulverpaket gemalt. Und zwar OMO. Und dann erinnere ich mich, dass ich eine Zahnpastatube aus Plastilin nachbildete und mit Plaka-Farbe bemalte. Es sind dann einige weitere Bilder und Objekte entstanden. Die Pop Art hat mich beeindruckt und rückblickend kann ich sagen, dass ich mich ihr durchs Kopieren genähert habe. Aber wenn ich so überlege – vielleicht war doch das Einrichten des Chemielabors im Keller die erste Begegnung mit der Kunst – wenn auch unbewusst. Bei Kant findet sich ja der Begriff des „interesselosen Wohlgefallens“.

Elger: War das noch vor deiner Ausbildung zum Dekorateur? Was waren die nächsten Schritte? Auf dem Weg zur Kunstakademie hast du ja einige Umwege genommen.

Froelich: Die Lehre zum Dekorateur habe ich 1975 begonnen, da war ich 15. Eigentlich sollte ich auf das Gymnasium gehen, nach der sechsten Klasse Volksschule. Aber ich wollte meine gewohnte Umgebung, meine Freunde nicht verlassen und meine Mutter hat das akzeptiert. Das hatte auch Vorteile, ohne Vater aufzuwachsen. Die Berufsausbildung war die ersten eineinhalb Jahre sehr spannend. Endlich etwas anderes als Schule – quasi schon erwachsen zu sein und eigenes Geld zu verdienen. Das letzte Jahr war dann etwas mühsam und ich musste mich schon zwingen, die Abschlussprüfung zu machen. Anschließend habe ich auf der Berufsaufbauschule Technik die Mittlere Reife nachgeholt. Nach der Arbeit im Einzelhandel von morgens halb neun bis abends um sechs war es geradezu paradiesisch, wieder die Schulbank zu drücken. Danach ging ich an die Fachoberschule für Gestaltung nach Hannover um die Fachhochschulreife zu machen. Da die Großstadt Hannover für mich Kleinstädter viel Aufregendes und Neues zu bieten hatte, beanspruchte dann allerdings das Stadtleben fast meine ganze Aufmerksamkeit. Was dazu führte, dass ich das Schuljahr wiederholen musste.

Mir ist übrigens erst Jahre später bewusst geworden, wie wertvoll dieses Instrument „Zweiter Bildungsweg“ war und ist. Neben Axel Springer habe ich es also auch der SPD zu verdanken, dass ich noch einen anderen Erlebnisraum als den meiner Herkunft erfahren durfte [lacht]. Das meine ich ernst! Wenn man sich die Statistiken anschaut, so ist der Anteil der Studierenden aus sozial schwachen Familien leider immer geringer geworden.

Elger: Hast du nach dem Abschluss dieses „Zweiten Bildungsweges“ dein Studium an der Fachhochschule begonnen?

Froelich: Vorher habe ich noch Zivildienst geleistet – in der Mobilen Altenhilfe. Und danach musste ich noch ein Jahr auf den Studienplatz warten und habe gejobbt. Während dieser Zeit war ich dann aber schon irgendwann Gasthörer an der FH bei Günther Sellung. Sellung war mein erster Lehrer an der Hochschule und er hat mich sehr beeindruckt. Vor dem Studium hatte ich eine ganz genaue Vorstellung von Kunst. Ich wollte Druckgrafiken machen, wie ich es schon vorher auf einer alten Wäschemangel getan hatte. Ich hatte die Vorstellung, mir an der Hochschule möglichst viele künstlerische

Techniken anzueignen, um das ausdrücken zu können, was ich wollte [lacht]. Durch Sellung kam ich dann zum Glück mit einer mir bis dahin völlig unbekannten Seite von Kunst in Berührung.

Elger: Welche neuen Erfahrungen wurden damals für dich wichtig?

Froelich: Sellungs Verständnis von Kunst war durch die 60er und 70er Jahre geprägt. Ich hatte damals noch nichts gehört von Zeichen, Superzeichen und Prozesshaftigkeit und was es in diesem Zusammenhang sonst noch für Begriffe gab. Außerdem war Sellung auch ein sehr guter Analytiker und animierte uns zum Fragen. Umberto Eco mit seinem „offenen Kunstwerk" wurde wichtig für mich. In dieser Zeit malte ich unter anderem unzählige „Wellenbilder" und andere „zeichentheoretische Illustrationen", wie ich es heute

o.T. 1982
Graphit, grundiertes Packpapier
ca. 100 x 80 cm

Helke und Thomas Bayrle, Frankfurt/M.

nennen würde. Von dieser rationalen Position Sellungs zog es mich aber auch immer wieder zu Helmut Rogge hin, der damals Plastik an der FH lehrte. Rogge war quasi die Antithese zu Sellung. Das Intuitive spielte bei ihm die Hauptrolle. Bei Rogge habe ich mal einen Grundkurs Plastik besucht. In der ersten Stunde hat er uns eine Kugel aus Ton modellieren lassen und dann eine Negativform davon gefertigt, um die Kugel positiv in Gips zu gießen. Es war für mich sehr beeindruckend, die vielen verschiedenen Kugeln der Kommilitonen zu sehen. Rückblickend spielten die Begriffe „Wesen" und „Gestalt" in der Begegnung mit Rogge eine große Rolle für mich.

Und dann gab es da noch Peter Tuma, bei dem ich – nachdem ich schon bei Sellung Gasthörer war – die Grundklasse absolvieren musste. Wir hatten beide nicht viel Freude aneinander. Allerdings verdanke ich Tuma die Begegnung mit der Musik von Steve Reich – er verkaufte mir eine Platte von ihm. Und die Begegnung mit dem Werk von Raimer Jochims geht auch auf Tuma zurück. Ich glaube, den Katalog der Jochims-Ausstellung im Kunstverein Braunschweig hat er mir sogar geschenkt. Aber da kann ich mich täuschen.

Elger: Zu welcher Zeit war das? Du hast doch irgendwann an die Städelschule nach Frankfurt/M. gewechselt.

Froelich: Als ordentlicher Student habe ich mich an der Fachhochschule Hannover im September 1982 immatrikuliert und im Frühjahr '85 bin ich dann ans Städel nach Frankfurt gegangen.

Elger: Was war der Grund? Warum warst du mit deiner Ausbildung in Hannover unzufrieden?

Froelich: Bei Sellung studierte ich inklusive der Gastsemester ja dreieinhalb Jahre und zum Ende dieser Zeit stellte sich ein Gefühl von Stagnation bei mir ein. Aus jetziger Sicht hatte das aber nur bedingt mit den Lehrern zu tun. An einem gewissen Punkt erschöpft sich die Zusammenarbeit in der Lehre meist – das ist dann die richtige Zeit, um woanders hinzugehen. Das ist eher ein prinzipielles Problem. Ich meine, dass die Fachhochschule Hannover für mich der richtige Ausgangspunkt war für das Studium. Von Sellung und Rogge habe ich viel gelernt. Aber ich wollte halt noch was anderes.

Durch die Berührung mit dem Werk, vor allem den Texten, von Raimer Jochims entstand bei mir der Wunsch, ihm meine Arbeiten zu zeigen und seine Meinung dazu zu hören. Damals erschien er mir als Synthese meiner beiden vorherigen Lehrer. Er versprach, das Apollinische mit dem Dionysischen zu vereinen [lacht]. Ich war dann zwei-, dreimal zu einem Arbeitsgespräch in Frankfurt an der Hochschule. Aus diesem lockeren Kontakt entstand der Wunsch, in Jochims Klasse aufgenommen zu werden. Damals hatte ich mächtig Respekt vor der Städelschule und auch vor Jochims. Das Städel galt als kleinste und feinste Kunsthochschule Deutschlands – das merkte ich aber erst, als ich dort war. Das war ein extremer Kontrast zur Fachhochschule. Ich erinnere mich noch daran, als ich mich beim Hausmeister, Herrn Taube, am Städel vorstellte und der sagte: „Was kann ich für Sie tun?“ Und der meinte das auch so! Generell ging es am Städel fast familiär zu. Unsere Klasse galt allerdings bei vielen Kommilitonen als elitär. Jochims brachte uns die alte Kunst nah. Von ihm lernte ich viel über Bildanalyse. Na ja, und dann lernte ich noch, dass Selbstinszenierung und Karikatur Geschwister sind. Nach einer Italien-Studienfahrt verließen mehrere Studenten die Klasse von Jochims. Ich ging zu Michael Croissant. Croissant war quasi mein letzter akademischer Lehrer. Er war ein unprätentiöser Mensch – ich habe ihn sehr gemocht.

Elger: Gab es dort neben Jochims und Croissant noch andere Lehrerpersönlichkeiten, die dich beeinflusst haben?

Froelich: Generell war das Klima am Städel sehr fruchtbar. Thomas Bayerle leitete die Grundklasse, Angelica Horn war Lehrbeauftragte für Philosophie und Felix Droese war ein oder zwei Semester Gastprofessor. Es gab natürlich auch noch andere, aber die waren für mich nicht so wichtig. Und dann gab es sehr viele Vorträge von externen Künstlern und Wissenschaftlern. Zur Zeit meiner letzten zwei Semester wurde auch Kasper König berufen. Als Hilfskraft habe ich dann im Portikus gearbeitet und auch die erste Ausstellung mit aufgebaut. Das waren die Bücher von Dieter Roth.

Sehr wichtig war für mich die Begegnung mit Peter Kubelka, der leitete die Filmklasse und lehrte Kochen als Kunstgattung. Er hatte sich bei seiner Berufung eine Küche einrichten lassen und hielt regelmäßig Kochveranstaltungen ab. Kubelka erschien mir als Bildungsbürger ‚par excellence‘. Er sprach mehrere Sprachen, machte Barock- und Renaissancemusik und hatte die große Gabe, Zusammenhänge herzustellen. In seinen Veranstaltungen zeigte er oft Parallelen auf zwischen Film, Musik, Philosophie und dem Kochen.

Elger: Das war sicherlich einzigartig im künstlerischen Lehrbetrieb. Gab es eine richtige Koch-Klasse bei Kubelka?

Froelich: Es gab eine mehr oder weniger feste Gruppe von Studierenden, die an den Kochseminaren teilnahmen und die auch eigenständige Veranstaltungen durchführten. Viele von denen kamen aus Kubelkas Filmklasse. Aber generell waren die Seminare hochschulöffentlich. Ich würde mich in diesem Gefüge eher am Rand verorten und mich keinesfalls als Kubelka-Schüler bezeichnen. Aber sicherlich hat mich der Ansatz von Kubelka entscheidend beeinflusst. Es hat aber sehr lange gedauert, bis ich die ersten eigenen Kochveranstaltungen durchgeführt habe.

Elger: Im Frühjahr 1988 bist du wieder nach Hannover zurückgekehrt. Aus dieser Zeit stammt auch der erste kleine Katalog „Plastik – Zeichnung“. Die Abbildungen darin sind vermutlich alles Studienarbeiten. Wie haben sich diese frühen Werke entwickelt? Wie sahen die ersten Versuche aus und wie hat sich das dann zu diesen Arbeiten präzisiert?

Froelich: Rückblickend kann ich sagen, dass ich in der Jochims-Klasse sehr wenig praktisch arbeiten konnte. Das war eher die Zeit des Suchens. Ich hatte keine feste Vorstellung, probierte einiges aus, kam aber mit der Malerei eigentlich nicht weiter. Jochims sagte anfangs einmal, ich würde versuchen, Ikonen zu malen. In gewisser Weise war das richtig, weil ich diese Dinghaftigkeit suchte, die nach meiner Meinung der Malerei entgegensteht. Es dauerte seine Zeit, bis ich merkte, dass ich in der Malerei nicht finden würde, was ich suchte. Malerei ist ja viel immaterieller als die Plastik.

Dieses Suchen einer materiellen Präsenz hat sich dann im Gegenstand, in der Plastik eingelöst. In der Croissant-Klasse habe ich wieder mit Keramik gearbeitet, wie bei Rogge in Hannover, habe z. B. einmal ägyptische Vasen kopiert. Irgendwann fand ich auf dem Schulweg einen alten Auspuff, den habe ich mitgenommen, eine Negativform genommen und dieses Gebilde in Keramik gegossen. Und da leuchtete in dieser Dingwelt das auf, was ich suchte. Ich begann dann, gefundene Gegenstände abzuformen und in verschiedenen Materialien zu realisieren. Baute aber auch immer noch Plastik frei auf.

Elger: Wenn ich den Katalog durchsehe, habe ich den Eindruck, dass es auch Studien über verschiedene Möglichkeiten sind, also Erprobungen verschiedener Materialien und Formen, als die Fragen danach, wie gehen die zusammen, was funktioniert, was nicht? Also vor allem formale Experimente. Hast du das auch so empfunden?

Froelich: Nein, das habe ich damals nicht empfunden und sehe es auch heute nicht so. Oder aber jedes gestalterische Handeln ist ein Experiment. Natürlich weiß ich beim hundertsten Wachsguss mehr, als beim ersten – aber das ist im Übrigen auch die Falle, wenn man zu gut Bescheid weiß. Nach meiner Erfahrung sind z.B. gelernte Steinmetze oftmals keine guten Steinbildhauer, denn sie wissen viel zuviel über das Material. Ihr Bild ist sehr verfestigt.

Damals im Studium bei Rogge stand die Frage im Raum: Was will das Material? Verträgt sich diese oder jene Form mit dem Material? Das Material will aber nichts, es ist die Vorstellung des Handelnden, das Weltverständnis, welches bestimmte Formen hervorbringt.

Elger: Geht denn tatsächlich alles, jede Form mit jedem Material, nur mit unterschiedlichen Ergebnissen?

Froelich: Ja, das würde ich sagen. Wenn jemand behauptet, es ginge nicht, geht er von bestimmten Prämissen aus. Man muss aber diese Prämissen nicht teilen. Gleichwohl sollte man das nicht mit dem „anything goes“ verwechseln, denn es stellt sich natürlich in diesem Zusammenhang die Frage nach der interpersonalen Relevanz, wie es so schön heißt. Also die Frage, was geht das mich an, was da ein Plastiker produziert. So etwas wie „verstehen“ – und das meine ich hier in einem sehr weiten Sinne – basiert ja auf gemeinsamen Erfahrungen und Werten. Das ist übrigens gerade auch in Bezug auf das Essen relevant. Ich als Europäer werde wohl das japanische Essen nie in Gänze verstehen können. Allein schon aus dem Grunde, dass ich nicht mit dem Geschmack der landestypischen Speisen aufgewachsen bin. Aber darüber sprechen wir vielleicht später noch. Für mich ist die Materialfrage eher unwichtig, viel wichtiger erscheint mir, was für ein Bild ich entwerfe.

Elger: Du hast diese Arbeiten zunächst in einer ganz bestimmten Form präsentiert, wie ein Feld auf dem Boden, ohne Sockel. War das die übliche Präsentationsform für deine Werke?

Froelich: Zu der Zeit wollte ich, dass die Plastiken einfach so dumm herumliegen. Es sollten keine Museumsstücke sein, die erhaben präsentiert werden. Und es war mir auch recht, dass die Plastiken oftmals nicht als Artefakte gesehen wurden.

Elger: In deinem späteren Werk kommt diese Form gar nicht mehr vor. Da wird die Art der Präsentation von dir immer sehr stark mitgedacht. Der Sockel oder die Tische sind tatsächlich Teile des Werkes.

Froelich: Das verhält sich ja nicht so, wie es sprachlich formuliert wird, im Sinne von „diese Form habe ich dann gesucht". Ich arbeite nicht konzeptionell, ich bin eher Romantiker. Der andere Umgang mit der Präsentation hat sich ergeben. Es gibt die Vitrinen, die Tische, Kästchen – aber das sind ja keine Präsentationsformen, das ist Plastik.

Elger: Ich möchte noch einmal einen Schritt zurückgehen zu den frühen Arbeiten. Es gibt Objekte, die scheinen ganz frei zu sein, auch wenn sie vielleicht nach einer Vorlage abgegossen sind, aber dieses Vorbild ist nicht mehr zu erkennen, und dann gibt es andere, die sehr dicht an einer erkennbaren Form bleiben. Dann kommen diese Friedhofsvasen, die ersten Weihnachtsmänner, die Pferde usw. Da ist schon ein deutlicher Unterschied zu den Werken in deinem ersten Katalog.

Froelich: Ja, die frühen Plastiken sind in der Regel frei gebaut, bzw. in eine Form gedrückt. Und irgendwann habe ich dann den ersten Abguss eines gefundenen Gegenstandes gemacht. Das mag sich heute absurd anhören, aber als ich das getan hatte, stellte sich mir die Frage, ob ich denn so etwas machen könne. Ob das nicht etwas zu einfach sei – bin ich da überhaupt noch präsent als jemand, der etwas will? Da gab es schon eine Differenz zu meiner bisherigen Auffassung von Plastik. Diese Bedenken haben sich dann nicht zuletzt durch die damalige Portikus-Ausstellung von Fischli & Weiss erledigt. Da waren viele Alltagsdinge in Kautschuk abgegossen. Das war schon sehr deprimierend für mich. Anscheinend ging das also sehr einfach. Was ich damals noch nicht gesehen habe, war, dass Fischli & Weiss ja nicht wirklich an den Dingen interessiert waren. Bei aller Wertschätzung ihrer Arbeit bin ich der Meinung, dass sie eher feuilletonistisch vorgehen. Aber um auf die Frage zurückzukommen: es gab diese aufgebauten keramischen Arbeiten und es gab auch schematische Darstellungen von Landschaften, Vasen und andere Dinge.

Und dann kam irgendwann dieser Schritt, Dinge abzuformen und sie in Keramik oder Wachs zu realisieren. Aber die Form dieser Dinge war immer noch so offen, dass man zwar etwas erahnen konnte, aber sie waren nicht wirklich definiert, man wusste nicht, ist es ein Auspufftopf oder ist es eine Granate oder ist es irgendetwas anderes Technoides. Teilweise waren es ja nur Rohre oder ganz elementare plastische Formen. Irgendwann kam der Punkt, dass ich wirklich Dinge reproduziert habe, die keine Offenheiten hatten, was die Form angeht. Die Weihnachtsmänner zum Beispiel. So ein Weihnachtsmann ist konkret, der steht in einem konkreten Sinnzusammenhang und wird auch so rezipiert. Durch den Abguss, den Wechsel des Materials, entsteht manchmal etwas Eigenartiges. Die Dinge bekommen eine Ferne, fast etwas Auratisches.

Elger: Die Vorlage hat ja einen bestimmten Wesensgehalt – das ist ein wichtiger Begriff bei dir, der immer wieder vorkommt. Welcher andere, neue Wesensgehalt entsteht in der Skulptur? Lässt sich das beschreiben?

Froelich: Ja, was passiert da eigentlich beim Abgießen eines Gegenstandes? Ich denke, er wird zuerst einmal funktionslos im Sinne der ursprünglichen Nutzung. In gewisser Weise wird er nutzlos. Durch den Materialwechsel verändert sich sein Wesen – vielleicht kann man sagen, er wird wesentlicher. Dieter Ronte nannte das einmal „Entmaterialisierung durch Verdinglichung." In der Regel finde ich

Gegenstände des Alltags, die ich verändere. Der Sinn und Funktionszusammenhang ist bei diesen Dingen ja bekannt. Und durch dieses Umformen wird eine Bedeutungsebene freigelegt oder erzeugt, die ihnen so nicht immanent war. Wenn es denn gelingt. Manchmal werden in diesem Zusammenhang Begriffe wie Aura oder Transzendenz genannt, und sofort ist Walter Benjamin anwesend. Ich zahle da lieber in kleinerer Münze. Vielleicht stellt sich durch das Reproduzieren eine andere Art von Aura ein – siehe Warhol.

Mir ist übrigens beim Aufbrennen des „Restauration a.a.O.“-Logos auf mein Geschirr aufgefallen, dass das Wort „Restauration“ die „Restaura“ beinhaltet. Mein Atelier befindet sich ja in Hannover-Döhren, unweit des ehemaligen Hauses von Kurt Schwitters. Vielleicht war das ja ein Schwitters'scher Com merz bank-Gruß.

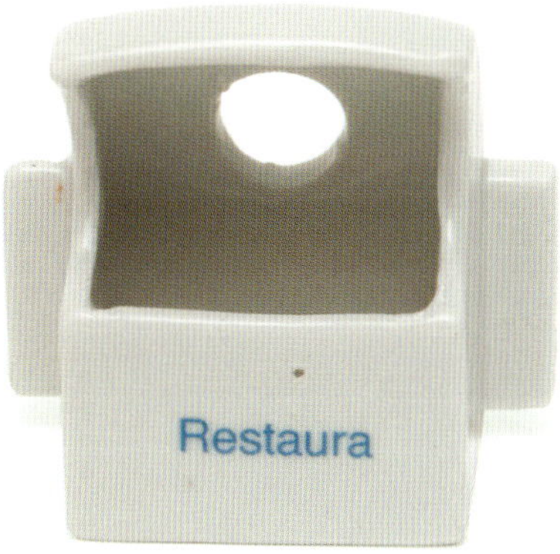

Restaura 2005
Porzellan (Fundstück)
Aufglasur, 7 x 8 x 5 cm

Raimar Stange, Berlin

Elger: Aus den vielen Millionen Objekten in der Welt hast du dich für ganz wenige entscheiden müssen. Wie entsteht dieser Auswahlprozess, ist deine Entscheidung ganz intuitiv?

Froelich: Ja, ich gehe nicht herum und suche mir die Gegenstände aus. Sie begegnen mir, so, wie mir auch Menschen begegnen. Und manche haben eine bestimmte Präsenz. Das ist doch eine große Freude und Faszination, Menschen zu begegnen, die auf eine bestimmte Weise präsent sind. Meist sind das ja diejenigen, die nicht gleich „hier bin ich“ schreien. Mit den Dingen verhält es sich ähnlich. Ich scheue mich nicht, da von Schönheit zu sprechen. Die alte klassische Schönheit im Sinne von Wahrheit. Ich weiß sehr wohl um die Relativität und Problematik dieses Begriffs. Trotzdem begegnen mir schöne Dinge und auch Menschen.

Elger: Ganz konkret lässt sich sagen, viele deiner Abgüsse haben mit dem Bereich Lebensmittel und Essen zu tun.

Froelich: Auf den ersten Blick trifft das zu. Eine der ersten größeren Plastiken waren drei mit Tafellack gestrichene Holztische, auf denen in Steinzeug abgegossenes Geschirr steht. Dieses Geschirr hat mich damals aber eher in Hinsicht auf die Anmutung interessiert, weniger bezüglich der Funktion. In meinem Kochprojekt „Restauration a.a.O.“ benutze ich heute ja ähnliches Geschirr. Das wird mit meinem Logo versehen und real benutzt.

Elger: Es sind ja in der Regel sehr elementare Formen, die in deinem Werk auftauchen: Geschirr, Tische, Fahnen, Häuser, Vasen, Pferd …

Froelich: Wenn du die Dinge so aufzählst, könnte man meinen, dass da jemand seine Welt so umformt, dass sie überschaubar wird. Thomas Hettche hat einmal über meine Arbeiten geschrieben: „Mir scheint, als demonstrierten Ihre Arbeiten vor allem dies: Überstehen in einem permanenten Zustand der Gefahr.“

Das mag schon so sein. Was soll man denn tun in einer atomisierten Welt, in der man sich scheinbar auf nichts mehr verlassen können soll? Ich bin sicher, dass ich diese Welt nicht verstehen werde, um es pathetisch zu sagen. Und in einer sich ständig verändernden Welt ist es notwendig, sich seiner selbst zu versichern. Arbeit kann ein gutes Vehikel zur Selbstvergewisserung sein. Und auch im Erleben von Kunst kann dieses Moment aufscheinen, das man früher Wahrheit oder Schönheit nannte. Auch Religion, Sex und andere Drogen vermitteln ähnliche Erfahrungen.

Elger: Es finden sich immer wieder Elemente aus dem religiösen Kontext in deinem Werk. Welche Bedeutung hat Religion für dich?

Froelich: Ich bin protestantisch getauft und konfirmiert, verspüre aber keine Bindung zur Kirche. Mir ist es nicht gegeben, einen Gott zu haben. Unsere Kultur und natürlich auch unser Kunstbegriff wurzeln ja bekanntermaßen im Christentum. Das sind also die kollektiven Vorgaben. Individuell gibt es für mich viele Erfahrungen, die auch im christlichen Glauben eine zentrale Rolle spielen, bzw. aus denen Glauben entstanden ist. Um das zu verdeutlichen bemühe ich gerne das christliche Bild von der Vertreibung aus dem Paradies. Wenn ich über Knödel rede, passt allerdings der Platonische Schöpfungsmythos besser: die Geschichte von den geteilten Kugelwesen. Aber welches Bild man auch bemühen möchte, alle thematisieren den Verlust von einer dagewesenen Einheit mit irgendeinem Ganzen. Und auch der Begriff der Schuld ist ein zentrales Moment von menschlicher Existenz. Nicht in dieser banalen Interpretation, dass die böse Institution Kirche ihre Schäflein klein halten will, sondern als individuelle Erfahrung. Man kann das politisch sehen, im Sinne von Schuld der Wohlstandsgesellschaft und auch in kleinerer Dimension in Form der Schuld an meinem Nächsten. Schuldig sind wir qua Existenz. Für mich gilt immer noch: ich halte meine Küche stets in Ordnung, mache mich aber immer wieder schuldig.

Elger: Deine Arbeiten sind meist klein- bis mittelformatig. Monumentalität scheinst du als Plastiker bewusst zu meiden. Selbst deine Außenplastik für den Quartierpark Mitte muss man fast suchen.

Froelich: Meine Plastiken haben in der Regel Dimensionen, die ich allein bewältigen kann. Sowohl im Produktionsprozess wie auch in den Maßen – sieht man ab vom „Kühne LKW-Anhänger", den ich im Originalmaß rekonstruiert habe.

Mit kleineren Plastiken lässt es sich einfach besser leben. Monumentalplastik hat etwas Inhumanes. Vielleicht ist meine Skepsis aber auch damit verbunden, dass Großplastiken meist relativ endgültig daher kommen. In der Regel sind sie ja im Außenraum zu finden und stehen dann da herum und niemand räumt sie je wieder weg. Gute Architektur und Freiraumplanung bedürfen keiner Dekoration.

Elger: Du hast aber auch Arbeiten im Außenraum realisiert. Die wichtigste entstand für den Quartierpark Mitte in Hannover-Kronsberg. Wie war da die Ausgangssituation und was war deine Ausgangsüberlegung?

Froelich: Das war für einen Park im neuen Wohnquartier auf dem Kronsberg, der anlässlich der Weltausstellung Expo 2000 angelegt wurde. Entsprechend meiner Skepsis gegenüber dauerhaften skulpturalen Eingriffen im öffentlichen Raum habe ich eine Plastik konzipiert, die auf dem ersten Blick nicht zu sehen ist. Die Arbeit heißt „4 x 28 Worte" und besteht aus 112 Betonsteinen, in die jeweils ein Wort aus Metalllettern eingegossen ist. Diese Wortsteine sind relativ gleichmäßig gestreut in den Boden des Parks eingelassen, so dass sie erst beim Darübergehen für den Betrachter

(4x) 28 Worte 1999
112 Wortsteine
im Quartierpark Mitte,
Hannover Kronsberg
Löffel, ca. 25 x 55 cm

o.T. 1994
Offsetdruck,
Werkdruckpapier,
48 x 32 cm, Zeitungsbeilage zur Nordseezeitung, Auflage
25 000 Exemplare

sichtbar werden. Das Problem des öffentlichen Raumes hat aber wenig mit Kunst zu tun. Es besteht meines Erachtens eher in seiner visuellen und sozialen Verelendung. Da kann Kunst wenig ausrichten.

Es gibt aber auch den medialen öffentlichen Raum, in dem ich einige Arbeiten habe realisieren können. Am Anfang stand für mich die von dir 1991 kuratierte Ausstellung des Sprengel Museum „AußenraumInnenstadt“. Im Rahmen dieser Ausstellung wurden zwei Plakate von mir an Litfaßsäulen geklebt. Das eine zeigte die fotografische Darstellung eines Herdes und auf dem anderen stand das Wort „Heilig“. Zu meiner Ausstellung im Kunstverein Bremerhaven 1994 gab es die Beilage „Fischer, Fischer, wie tief ist das Wasser?“ in der Nordseezeitung in einer Auflage von 25 000 Exemplaren und zur Ausstellung bei Cornelius Hertz konzipierte ich eine Beilage für die TAZ. Eine meiner mir liebsten Arbeiten mit öffentlichen Medien ist das Sammelalbum „Hannover“, das ich in Zusammenarbeit mit der Verlagsgesellschaft Madsack realisieren konnte. Während der Weltausstellung EXPO 2000 erschien einmal wöchentlich eine Seite der Hannoverschen Allgemeinen Zeitung als Bilderbogen. Die Fotos habe ich dem Verlagsarchiv entnommen. Die Leser der Zeitung konnten diese Bilder ausschneiden und in ein Album kleben.

Elger: Wie ist die Idee zu diesen Sammelalben entstanden, die ja inzwischen einen zentralen Stellenwert in deiner Arbeit einnehmen?

Froelich: Das erste 1993: „Tatlins Rasierschale (Ein Irrtum)“. Es entstand begleitend zur Rekonstruktion der vermeintlichen Tatlin-Rasierschale und unterscheidet sich von den folgenden Alben. Einerseits dokumentiert das Album die Rekonstruktion der Rasierschale durch Abbildungen, andererseits sind auch Freiräume und Bildunterschriften für Fotos enthalten, die es nicht real gibt. Es sind Bilder, die hätten entstehen können, die aber nicht zur Wirklichkeit geworden sind. „Dystopische Bilder“ hat das mal jemand genannt. Auch Picassos Rasierschale ist so ein dystopisches Bild.

Danach kamen „Die Alpen“. Das war 1995 anlässlich meiner gleichnamigen Ausstellung im Leipziger Stadtraum und in den Räumen des Förderkreises der Leipziger Galerie für zeitgenössische Kunst. Während meines Aufenthaltes in der römischen Villa Massimo 1996 realisierte ich dann das Album „Roma. (non c'è)“. Im selben Jahr folgte dann noch „Ruhmreiche Berge“ und 2000 eben das Hannover-Album. Vor kurzem habe ich noch zwei neue Alben herausgegeben: „Sympathetische Bilder (1) und (2)“.

Elger: Die Sammelalben korrespondieren häufig mit deinen anderen Bildserien.

Froelich: Wenn ich überlege, dann nehmen die verschiedenen Bildserien tatsächlich einen großen Raum ein in meiner Arbeit. 1990 sind die „Schaukarten Landschaft“ entstanden, eine Serie von gefundenen Lehrkarten aus dem Geografieunterricht. Deren Bildunterschriften habe ich getilgt und separat als zweite Karte realisiert. 1991 habe ich dann Wandkarten von eigenen Fotografien aus meiner Küche realisiert. Die angesprochene Arbeit für „AußenraumInnenstadt" stammt aus diesem Ensemble. Und in Rom entstanden die Dia-Serien „vestiti blu" und „fare la spesa", sowie die so genannten „Italienischen Alben". Das sind Blätter im A4-Format, auf denen von mir gesammelte Warenetiketten geklebt sind. Dann gibt es noch die Portraitaufnahmen von 12 Schokoladenweihnachtsmännern, ich glaube von 1998. Und natürlich die über 400 Aufnahmen aus der Serie „Inventur. (Küche)". 2002 die Serie von Bibelzitaten bezüglich Nahrung und für die aktuelle Ausstellung in Brüssel ist das Multiple mit 30 kleinen Bildkarten zur Topografie der Gemengsel und Gehäcksel entstanden. Wahrscheinlich bin ich ein Sammler.

Elger: Gesammelt hast du tatsächlich viel, auch das Geschirr für dein Projekt „Restauration a.a.O.". Was genau verbirgt sich hinter diesem Namen?

Froelich: Meine erste eigene Kochveranstaltung fand 1995 während meiner Ausstellung in der Galerie Terbrüggen in Heidelberg statt. Analog zu den Reproduktionsverfahren meiner Plastiken stellte ich u. a. eine Trockensuppe her. Danach tat sich außer den üblichen Ausstellungsvorbesichtigungskochereien in der Öffentlichkeit recht wenig. 1999 übernahm ich dann eine Vertretungsprofessur an der Fachhochschule Hannover, also dort, wo ich selbst mein Studium begann. Im Fachbereich Bildende Kunst lehrte ich Plastik und veranstaltete Seminare zum „Kochen als Kunst". Seit dieser Zeit nahmen die Kochveranstaltungen zu und wurden auch systematischer. Und am 21. Oktober 2003 bekam dann das Kind auch einen Namen: „Restauration a.a.O.". Ich bezeichne die Restauration gern als Gedankengebäude, welches zu unterschiedlichen Zeiten an verschiedenen Orten errichtet wird – eben am angegebenen Ort. Es gibt kleinere Gastmahle in Eigenregie, bei denen manchmal nur wenige Gäste an unserer Tafel sitzen, sowie Veranstaltungen in Zusammenarbeit mit Institutionen, bei denen es bis zu 200 Gäste gibt.

Elger: Für Künstlerrestaurants gibt es zahlreiche Vorbilder. Was kommt denn in der „Restauration a.a.O." auf den Tisch?

Froelich: Schon in der Renaissance gab es Kochclubs von Künstlern. Und es gehört ja bis heute zu einem bestimmten Künstlerbild, dass diese dem Essen und noch mehr dem Trinken zugeneigt sind. Marinetti und Spoerri sind da natürlich zu nennen. Es gilt aber zu unterscheiden zwischen denjenigen, die Nahrungsmittel als Vehikel benutzen, also deren semantische Eigenschaften für etwas anderes gebrauchen und denen, die das Kochen selbst als künstlerischen Akt begreifen. Die Restauration versteht sich in der Tradition des letztgenannten Ansatzes, dessen wichtigster Vertreter Peter Kubelka ist.

Ich koche in der Regel sehr einfache Speisen. Gerichte, die in unserem Kulturkreis vorhanden waren, aber mit der Zeit verschwunden sind. Es geht aber nicht darum, in nostalgischer Weise Großmutters Rezepte wieder zu entdecken. Mich interessieren Wesen und Gestalt von Speisen. Das unterscheidet sich in nichts von meinem Interesse an anderen Dingen. Speisen sind Bildentwürfe, die wir gelernt haben zu verstehen. Wir essen eben nicht alles, was wir essen könnten. Nahrungsbereitung ist, wie jedes Kulturphänomen, Formulierung von Weltverständnis. Die Zutaten bezüglich Produktion und Rezeption sind denen der anderen Künste ähnlich: Idee, Intention, Material, Form, Beherrschung der Mittel, Stil, Maß, Proportion, Geschichte, Tradition, Mode und nicht zuletzt der Geschmack.

Mir geht es nicht darum, den Gästen der Restauration in einer post-dadaistischen Geste ihre eigenen Grenzen vorzuführen, indem ich Hoden, Augen oder Hirn serviere. Gleichwohl gibt es an der Tafel der Restauration a.a.O. immer auch die Erfahrung des Fremden. Das Fremde in der eigenen Tradition und Herkunft.

Es ist sicherlich schwieriger, eine fremde Speise zu essen, als eine fremd erscheinende Plastik anzuschauen, aber es handelt sich um ein ähnliches Phänomen. Aber ich will jetzt keinen riesigen Überbau konstruieren – im Grunde ist es mit der Restauration a.a.O. ganz einfach: Ich liebe das Kochen für andere Menschen, denn nur dann macht es Sinn, und ich liebe diese ganzen Küchenutensilien, die gedeckte Tafel, die Speisen. Meine beiden Mitarbeiterinnen, Vera Burmester und Maja Langreder haben das einmal sehr schön formuliert: „Eigentlich stören die Gäste auch ein wenig, denn sie bringen immer die ganze Tafel durcheinander.“ Vielleicht verhält sich das Ganze ähnlich wie damals mit dem Chemielabor.

Elger: Manches haben wir gar nicht ansprechen können. Was würdest du dir denn als Schlusssatz in einem Text über deine Kunst wünschen?

Froelich: Über die Textarbeiten und die Multiples haben wir nicht gesprochen – und über die Möbel auch nicht. Der Schlusssatz aber müsste ja programmatisch ausfallen und prägnant sein [lacht]. Ohne Spaß: Für mich ist es sehr schön zu erfahren, dass die Kunst – was immer das sein mag – mit den Jahren an Wichtigkeit verloren hat. Der Bildbegriff im weitesten Sinne ist das, was mich interessiert. Wer generiert wie welche Bilder und aus welchem Grund? – Eigentlich soll man sich ja kein Bild machen. Und den Thomas Hettche muss ich noch einmal zitieren: „Jedenfalls gilt, was Hegel vom Soldaten sagte, erst recht für den Künstler: Je schlechter er ist, desto mehr sieht man ihn selbst.“

Selbst als Vase, Kanne, Narr 2000
Wachshohlguss, Spanplatte, 38 x 44 x 13 cm

Dieter Froelich

1959

geboren in Walsrode

Volksschule, Berufsausbildung, „Zweiter Bildungsweg“, Zivildienst

1982–1985

Studium der Malerei und Plastik an der Fachhochschule für Kunst und Design in Hannover

1985–1988

Studium an der Staatlichen Hochschule für Bildende Künste – Städelschule – in Frankfurt/M.
Meisterschüler von Michael Croissant

1989

Arbeitsstipendium des Landes Niedersachsen

1991

Reisestipendium des „Alexander Dorner Kreis“

Jahresstipendium des Landes Niedersachsen

1992

Barkenhoff-Stipendium, Worpswede

1993

Art Cologne – Förderkoje bei Galerie Sandmann + Haak, Hannover

Villa Massimo-Stipendium, Rom (für 1996)

1994

Arbeitsstipendium des Kunstfonds e.V., Bonn

1996

Ganzjähriger Aufenthalt in der Villa Massimo, Rom

1997

Kodak Fotobuchpreis '97 für das Sammelalbum „Roma. (non c'è)“

1998

Niedersächsischer Förderpreis für Bildende Kunst

1999

Gewinn eines beschränkten Wettbewerbs um den Entwurf einer Außenplastik für den Stadtteil Hannover-Kronsberg
Realisierung der Plastik „(4x) 28 Worte“

1999–2002

Vertretungsprofessur für Plastik an der Fachhochschule Hannover, Fachbereich Bildende Kunst

2003

Kulturpreis „pro visio“ der Stiftung Kulturregion Hannover für das Kochprojekt „Restauration a.a.O.“

Einzelausstellungen

1985

Konzeptionelle Malerei, Fachhochschule Hannover

1989

Plastik – Zeichnung, Atelierausstellung Hannover

1990

Tafeln für 15 Weihnachtsmänner, VVK-Galerie, Hannover

Atelier Hannover, konzertierte Atelierausstellungen in Hannover (Initiative und Planung: D. Froelich)

Galerie Sandmann + Haak, Hannover (K)

1992

Produzentengalerie Kassel (mit Alexander Kühn)

Galerie Anita Neugebauer, Basel

Galerie Sandmann + Haak, Hannover (K)

1993

Galerie Art Studio 1, Deinste (K)

Projekt Werkstattausstellungen, Münster

Art Cologne – Förderkoje bei Galerie Sandmann + Haak

1994

Galerie Lang, Leipzig

Galerie Cato Jans, Hamburg

Kunstverein Bremerhaven

Galerie Cornelius Hertz, Bremen

1995

Galerie Sandmann + Haak, Hannover (K)

Galerie Terbrüggen, Heidelberg

Förderkreis der Galerie für Zeitgenössische Kunst, Leipzig (K)

Janus Avivson Gallery, London

1996

Tutto il buono, con cura, Villa Massimo, Rom (K)

1997

Galerie Sandmann + Haak, Hannover

Salonstücke, Städt. Galerie Villa Zanders, Bergisch Gladbach (K)

Galerie Art Studio 1, Deinste

Galerie Sandmann + Haak, Hannover, (Multiples 1987–1997) (K)

1999

auswärts-kunstraum, Frankfurt/M.

Galerie Sandmann + Haak, Hannover (K)

2001

Galerie Art Studio 1, Deinste

Galerie Sandmann + Haak, Hannover

2002

Die Speise ward Wort, Heiliggeistkirche, Frankfurt/M.

Die Dinge des Lebens, Kulturwissenschaftliches Institut, Essen

2005

Restauration a.a.O., Städtische Galerie Hannover - Kubus -

Dieter Froelich: Plastik, eine Ausstellung des Sprengel Museum Hannover in der Vertretung des Landes Niedersachsen in Brüssel

Kochveranstaltungen

(Auswahl)

1995

Suppe, Galerie Terbrüggen, Heidelberg

1999–2002

Lehrveranstaltungen *Kochen als Kunstgattung* an der Fachhochschule Hannover, Fachbereich Bildende Kunst

2001

Speckknödel, Galerie Sandmann + Haak, Hannover

2002

Die Speise ward Wort, Heiliggeistkirche, Dominikanerkloster, Frankfurt/M.

Hirnwurst, Kulturwissenschaftliches Institut, Essen

2003

Gemengsel und Gehäcksel, Kunstverein Hannover (Essen & Denken 2)

Voller Mund erzählt, Collegium Helveticum der ETH Zürich

Gründungsveranstaltung der *Restauration a.a.O.,* Hannover

2004

Gastmahl anlässlich der Preisverleihung des Kulturpreises *pro visio* an die *Restauration a.a.O.,* Hannover

Gastmahl und Seminar, Hochschule der Künste, Bremen

Gastmahl in der Städtischen Ausstellungshalle Am Haverkamp, Münster

Topografie der Gemengsel und Gehäcksel, Gastmahle im Rahmen der Ausstellung *Panorama,* Kunstverein Hannover

2005

Von der ‚Brennsuppe' zum ‚Latte macchiato von Erbsen und Pfifferlingen', Seminar, Gastmahl und Vortrag am Seminar für Architekturtheorie der ETH Zürich

Gastmahle im Rahmen der Ausstellung *Restauration a.a.O.,* Städtische Galerie Hannover - Kubus -

Bilddokumentationen ausgewählter Veranstaltungen unter:

www.restauration-a-a-o.de

Ausstellungsbeteiligungen

(ungeschönt)

1984

Freie Kunst – Studenten stellen aus, Fachhochschule Hannover (K)

1985

Die Jochims-Klasse stellt aus, Städelschule Frankfurt/M. (K)

1986

Junge Kunst, Schloss Gifhorn (K)

Badischer Kunstverein, Karlsruhe (Kolloqium) (K)

Reinhold-Kurth-Kunstpreis, Stadtsparkasse Frankfurt/M.

1987

Kleinplastik, Kunstverein Mainz

1988

Fünf Bildhauer aus Frankfurt, Produzentengalerie Kassel

Die Bildhauerklasse Michael Croissant, Städelschule Frankfurt/M. (K)

1989

DozentInnen der VHS-Hannover, Städt. Galerie Hannover (K)

Kunstpreis Junger Westen, Kunsthalle Recklinghausen (K)

Linolschnitt heute, Städt. Galerie Bietigheim (K)

Kleinplastik, Städt. Galerie Buxtehude

1990

Hannover – Leipzig, Galerie der HfGB Leipzig

RaumKlima, Kunstverein Hannover (K)

Leipziger Bildermesse, Galerie der HfGB Leipzig (K)

1991

Außenraum – Innenstadt, Sprengel Museum Hannover (K)

Künstler '91, Stipendiaten des Alexander Dorner Kreis, Städtische Galerie Hannover (K)

1992

Szene Hannover, Kunstverein Hannover (K)

Treppenhaus, Niedersächsisches Ministerium für Wissenschaft und Kultur (K)

Junge Kunst, Saarlandmuseum Saarbrücken (K)

Bildende Kunst im Preussag Pavillon, Galerie Sandmann + Haak (K)

1993

It's Time, Haus am Wasser, Bremen (K)

Preisträger Villa Massimo, Staudenhofgalerie Potsdam

Jahresgaben Kunstverein Hannover

1994

Junge Kunst aus Niedersachsen 2, Wanderausstellung der Niedersächsischen Sparkassenstiftung (K)

24 x 36, Galerie Gruppe Grün, Bremen

1995

Frühlingserwachen, Kunstverein Hannover (K)

Junge Kunst aus Bremer Privatbesitz, Gesellschaft für Aktuelle Kunst, Bremen (K)

1996

Babele 2, Villa Massimo, Rom (K)

1997

Eröffnungsausstellung der *Casa di Goethe,* Rom (K)

Fliegen, Künstlerhaus Sootbörn, Hamburg (K)

1998

Prefectural Art Museum, Hiroshima (K)

Michael Croissant und Schüler, Skulpturenkabinett Freiburg

Galerie Cornelius Hertz, Bremen

Galerie Sandmann + Haak, Hannover

1999

Lokalzeit, Kunstverein Lingen (K)

2000

Kunststreifzüge, Roemer-Museum, Hildesheim (K)

Handle with care, Städtische Galerie Hannover

2001

Vor-Sicht / Rück-Sicht, 8.Trienale der Kleinplastik, Fellbach (K)

2002

Jahresgaben der Kestner Gesellschaft Hannover

2003

Galerie Cara Hölzl, Düsseldorf

Buon giorno, Casanova!, Staatliches Schloss Duchov, Tschechien (K)

2004

Panorama, Kunstverein Hannover (K)

Kunst-Genuss, Kunst-Raum Weingarten

Erst kommt das Fressen und dann kommt die Moral, Galerie der Hochschule für Grafik und Buchkunst, Leipzig

2005

Aus der Serie (3), K4-Galerie, Saarbrücken

SAKE 8, Hachinohe/Japan, ein deutsch–japanischen Kulturprojekt von Hanae Komachi im Rahmen der Reihe *Deutschland in Japan* (K)

Bibliografie

(ungeschönt)

Freie Kunst, Studenten stellen aus (Kat.), Fachhochschule Hannover 1984

Die Jochims-Klasse stellt aus (Kat.), Städelschule Frankfurt/M. 1985

Junge Kunst (Kat.), Landkreis Gifhorn 1986

Werden die Akademien in unserer Zeit verdrängt?, Dokumentation eines Kolloqiums, Kunstverein Karlsruhe 1986

Dieter Froelich, Plastiken – Zeichnungen (Kat.), Frankfurt/M. 1987, (Interview mit Angelika Horn)

Ausstellung der Bildhauerklasse Michael Croissant (Kat.), Städelschule, Frankfurt/M. 1988

KünstlerInnen an der VHS (Kat.), Städtische Galerie Hannover 1989

junger westen (Kat.), Kunsthalle Recklinghausen 1989

Linolschnitt Heute (Kat.), Städtische Galerie Bietigheim-Bissingen 1989

Leipziger Bildermesse (Kat.), Leipzig 1990

Was wir wissen – Stücke vom Paradies, Interviews von Carsten Aschmann, Willi Müller und Jürgen Thomas mit den Teilnehmern von *Atelier Hannover* VHS-Video, 110 min, Film- & Video-Cooperative, Hannover 1990

Dieter Froelich, plastik (Kat.), Galerie Sandmann + Haak, Hannover 1990 (Text von Dieter Ronte)

Raumklima (Kat.), 76. Herbstausstellung Kunstverein Hannover, 1990

NIKE, New Art in Europe No. 39/1991 (Text von Joachim Kreibohm)

Künstler '91 (Kat.), Alexander Dorner Kreis, Hannover 1991

Außenraum – Innenstadt (Kat.), Sprengel Museum, Hannover 1991 (Text von Joachim Kreibohm)

Szene Hannover (Kat.), 77. Herbstausstellung Kunstverein Hannover, 1992

Junge Kunst '92 (Kat.), Saar Ferngas Förderpreis, Saarbrücken 1992

Kunst im Preussag-Pavillon (Kat.), Galerie Sandmann + Haak, Hannover 1992

Künstler '92 (Kat.), Alexander Dorner Kreis, Hannover 1992 (Text von Raimar Stange)

artist-Kunstmagazin, Nr. 12, Bremen, Juni 1992 (Text von Joachim Kreibohm)

Dieter Froelich, Plastische Arbeiten (Kat.), Galerie Sandmann + Haak, Hannover 1992 (Text von Dietmar Elger und Raimar Stange)

Dieter Froelich: Amerika gibt es nicht, Dokumentation eines Ausstellungsprojektes, Niedersächsisches Ministerium für Wissenschaft und Kultur, Hannover 1992 (Text von S. Dobiesz, R. Stange und H. Welzer)

It's Time (Kat.), Haus am Wasser, Bremen 1993

Punkt-kunst im nordwesten", Bremen 1994 (Text von Thomas Deecke)

Junge Kunst aus Niedersachsen 2 (Kat.), Niedersächsische Sparkassenstiftung, Hannover 1994 (Text von Thomas Deecke)

Junge Kunst aus Norddeutschland (Sammlungskat.), Vereins- und Westbank AG, Hamburg 1994

artist-Kunstmagazin, Nr. 21, Bremen 1994 (*Künstlerbeilage*)

Frühlingserwachen (Kat.), 78. Herbstausstellung Kunstverein Hannover, 1995

Junge Kunst in Bremer Privatbesitz (Kat.), Gesellschaft für aktuelle Kunst, Bremen 1995

Dieter Froelich, Plastiken und Textarbeiten (Kat.), Galerie Sandmann + Haak, Hannover 1995

Babele 2 (Kat.), Villa Massimo/Fondazione RomaEuropa, Rom 1996

Geo Spezial, Rom, Hamburg 1996 (Text von Johanna Wieland)

... endlich in dieser Hauptstadt der Welt angelangt! (Kat., 2 Bd.), Band 2, Verlag von Zabern, Mainz / AsKI e.V., Bonn / Casa di Goethe, Rom 1997 (Text von Konrad Scheurmann)

mehrfach, Dieter Froelich: Multiples und Auflagengrafik 1987–1997, (Kat., 2 Bd.), Galerie Sandmann + Haak, Hannover 1997 (Text von Dietmar Elger)

Fliegen, Dokumentation der gleichnamigen Ausstellung im Künstlerhaus Sootbörn, Hamburg 1997

Handle with care, Dokumentation zur gleichnamigen Ausstellung im Hiroshima Prefectural Art Museum, 1998

Der Künstler, der Koch und der Tisch, ein Film über Dieter Froelich, Buch und Regie: Klaus Goldinger, Kamera: Stefan Zimmer, Erstsendung am 31. 10. 1998 auf N3 (Kunststreifzüge)

Lokalzeit, 1. Bienale Niedersachsen (Kat.), Kunstverein Hannover 1999

Vernissage, Sonderheft zum Projekt *Die klassische Kopie – Goethes zweites Gartenhaus,* Weimar 1999

Dieter Froelich, (plastik) (Kat.), Galerie Sandmann + Haak, Hannover und Galerie Birgit Terbrüggen, Wehr 1999 (Text von Harald Welzer)

Kunststreifzüge (Kat.), 14 x zeitgenössische Kunst aus Niedersachsen, Ausstellungskatalog des Roemer-Museum Hildesheim, Verlag Lax, Hildesheim 2000 (Text von Harald Welzer)

Eigene Publikation

(Auswahl)

Vor-Sicht / Rück-Sicht (Kat.), 8. Trienale der Kleinplastik, Fellbach 2001

o-cube-Designmagazin, Nr. 76, Tokyo, Japan, 05/2001 (Text von Hanae Komachi)

artist-Kunstmagazin, Nr. 51, Bremen, Mai 2002 (*artist page*)

Kunstforum international, Bd. 160, Juni 2002

!kultur, Zeitschrift für Soziokultur, Hannover 2003 (Interview mit D. Froelich über die *Restauration a.a.O*)

Buon giorno, Casanova, Katalog zur gleichnamigen Ausstellung auf Schloss Duchov, Tschechien, Frankfurt/M. 2003 (Text von Burkhard Brunn)

Esquire Magazin Luca No. 5/2004, Japan (Text von Hanae Komachi)

Tätigkeitsbericht 1999–2003, Stiftung Kulturregion Hannover, 2004

Panorama (Kat.), 82. Herbstausstellung Kunstverein Hannover, 2004

Essen / Acht kleine Speisen zum Sake, eines von drei Heften zum deutsch-japanischen Kulturprojekt *SAKE 8* von Hanae Komachi, Q. Kom. Archiv, Hannover 2005

Harald Lemke *Kochen als Kunst. Zur Philosophie der kulinarischen Praxis* – Vortrag anlässlich der Ausstellung Dieter Froelich: *Restauration a.a.O.,* Hannover 17. 9. 2005
Text unter: www.haraldlemke.de

Sammelalben

Tatlins Rasierschale (Ein Irrtum), ein Sammelalbum von Dieter Froelich, Hrsg.: Barkenhoffstiftung Worpswede, 1993

Die Alpen, ein Sammelalbum von Dieter Froelich, Hrsg.: Förderkreis der Leipziger Galerie für Zeitgenössische Kunst, Leipzig 1995 (Text von Dietmar Elger)

Worte / Words, ein Sammelalbum zur gleichnamigen Ausstellung von Dieter Froelich, Janus Avivson Gallery, London 1995

Roma. (non c'è), ein Sammelalbum von Dieter Froelich, Hrsg.: Deutsche Akademie Villa Massimo, Rom 1996 (Text von Thomas Hettche)

Ruhmreiche Berge, ein Sammelalbum zur gleichnamigen Ausstellung von Dieter Froelich, Hrsg.: Städt. Galerie Villa Zanders, Bergisch Gladbach 1997 (Text von Petra Oelschlägel)

Hannover, ein Sammelalbum von Dieter Froelich in Zusammenarbeit mit der *Hannoverschen Allgemeinen Zeitung* anlässlich der Weltausstellung Expo 2000, Hrsg.: Verlagsgesellschaft Madsack, Hannover 2000 (Text von Harald Welzer)

Sympathetische Bilder (1) und (2), zwei Sammelalben von Dieter Froelich, Hannover 2005

Andere Publikationen

Die Alpen, 16 Seiten A6, hektografiert, Hannover 1994

(4x) 21 Worte, die Sopranistin Birgit Stoll interpretiert eine Textarbeit von Dieter Froelich, MC / CD, Hannover 1994

Suppe, Einladung zur gleichnamigen Veranstaltung in der Galerie Terbrüggen, 16 Seiten A6, hektografiert, 50 Expl., Heidelberg 1995

Roma 1–3, drei Hefte, je 16 Seiten A6, Hektografie / Fotokopie, je 100 Expl., Hannover / Rom 1995–1997

Suppe, sieben Worte von Dieter Froelich zu Freiherr von Rumohrs Text über die Suppen, 16 Seiten A5, 5 Expl., Rom 1996

The most exquisite agonies, von Thomas Hettche, Gestaltung des Buchobjektes: Dieter Froelich, Rom 1996

Quick Times, vier Serien digitaler Laufbilder von Dieter Froelich zum Thema Kochen, (jeweils ca. 12 Sequenzen zu 60 Sek. im Format 160 x 112 Pixel), CD, Hannover 2001

Texthefte zu den Kochveranstaltungen der „Restauration a.a.O."

Über den Autor

Dietmar Elger wurde 1958 in Hannover geboren. Er promovierte 1984 an der Universität Hamburg mit einer Arbeit über den Merzbau von Kurt Schwitters. 1984/85 war er Sekretär bei Gerhard Richter, 1985–1988 wissenschaftlicher Mitarbeiter und stellvertretender Leiter des Museums am Ostwall in Dortmund. 1989 bis 2006 arbeitet er als Kustos für Malerei und Skulptur am Sprengel Museum Hannover. Elger hat zahlreiche Ausstellungen zur Kunst des 20. Jahrhunderts organisiert, Werkverzeichnisse zu Gerhard Richter (1986) und Felix Gonzalez-Torres (1997) bearbeitet und 2002 die Biografie „Gerhard Richter. Maler" publiziert. In der Reihe „Kunst der Gegenwart aus Niedersachsen" ist von ihm im Jahr 2000 der Band „Ludger Gerdes" erschienen. Elger war von 1998 bis 2005 Mitglied der Niedersächsischen Kunstkommission.
Seit 2006 Leiter des Gerhard Richter Archives und Oberkonservator für zeitgenössische Kunst in den Staatlichen Kunstmuseen Dresden.

Abbildungsverzeichnis

Archiv der Restauration a.a.O. (Seiten 48/49)

Dieter Froelich (Seiten 5, 7, 19, 28, 32, 33, 41, 44, 45, 53, 65)

Karsten Goslar (Einband, Seiten 40, 46, 47 50–52, 54–60, 62, 69, 70, 74

Michael Herling, Sprengel Museum Hannover (Seite 17)

Mathias Philipp (Seiten 2, 6, 8, 9–13, 16, 18, 21–27, 29–31, 34–38, 42, 43)

Bildauswahl
Dietmar Elger, Dieter Froelich

Abbildungen
Dieter Froelich, VG Bild-Kunst
438256

Text
Dietmar Elger, VG Wort